Tenha um pouco de fé

Lançamentos

SEXTANTE
www.sextante.com.br

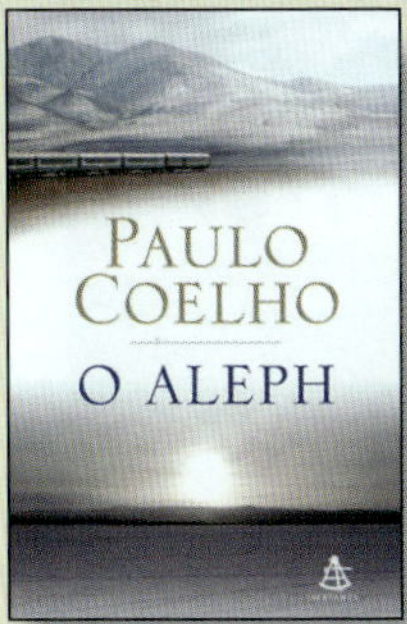

O Aleph

Paulo Coelho • 256 páginas • R$ 24,90

Num relato franco e supreendente, Paulo Coelho revela como uma crise de fé o levou a sair à procura de um caminho de renovação e crescimento espiritual. Ao longo de uma jornada por três continentes, ele sai do seu isolamento, se despindo do orgulho e se abrindo à amizade, ao amor, à fé e ao perdão, sem medo de enfrentar os desafios inerentes à vida.

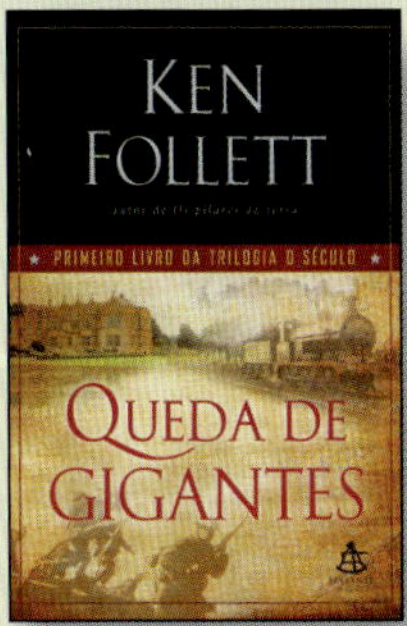

Queda de gigantes

Ken Follett • 912 páginas • R$ 59,90

Este livro começa em 1911, quando os alicerces do poder estão ruindo. Das perigosas minas de carvão ao quarto dos poderosos, as vidas de cinco famílias se entrelaçam para revelar as tragédias do século XX como jamais foram retratadas antes, percorrendo os turbulentos anos da Primeira Guerra Mundial e da Revolução Russa. De São Petersburgo a Berlim, de Londres a Viena, de Washington a Paris, nasce um épico histórico preenchido com paixão, aventura e suspense.

A passagem

Justin Cronin • 816 páginas • R$ 49,90

Quando a humanidade se torna presa de vampiros criados em laboratório, a sociedade que conhecemos dá lugar a uma paisagem apocalíptica. Num mundo dominado pelo medo da escuridão, a última esperança da raça humana pode ser Amy, a única criança usada no malfadado experimento que deu origem ao caos.

O símbolo perdido

Dan Brown • 496 páginas • R$ 29,90

Projetada por grandes mestres maçons, Washington D. C. está crivada de mistérios e passagens secretas. Sua arquitetura, sua arte e seu simbolismo estão entre os mais interessantes do mundo. Porém há quem acredite que a cidade guarda algo mais...

Atraído a Washington sob o pretexto de dar uma palestra, Robert Langdon se vê novamente desafiado a usar seus conhecimentos de simbologia para desvendar um mistério secular.

Um homem cuja filha foi raptada recebe um convite de Deus para um encontro numa cabana abandonada. • *R$ 24,90*

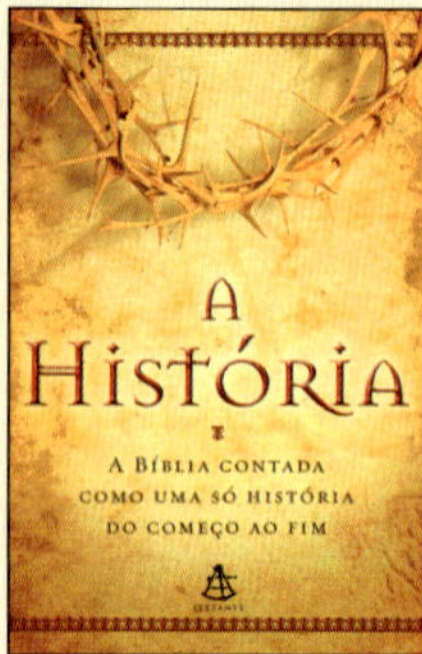

A Bíblia, a mais bela história de todos os tempos, contada em capítulos curtos e em ordem cronológica. • *R$ 39,90*

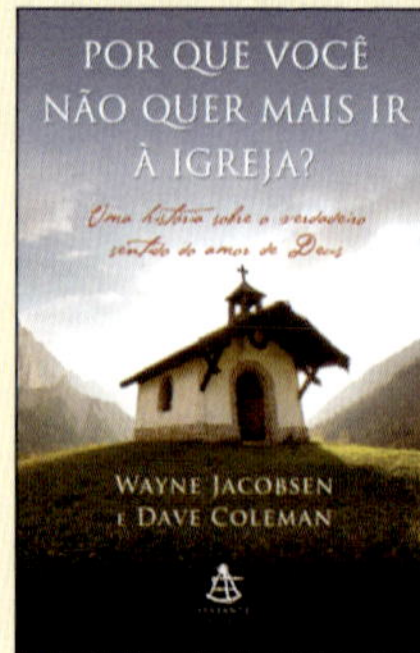

A inspiradora história de um pastor desiludido que redescobre o verdadeiro sentido do amor de Deus. • *R$ 24,90*

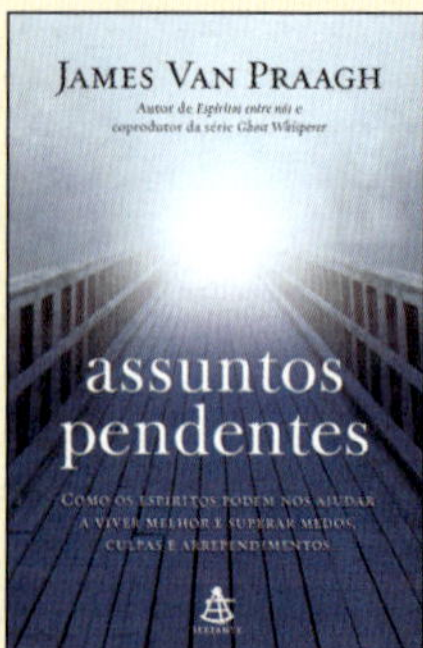

Como os espíritos podem nos ajudar a viver melhor e superar medos, culpas e arrependimentos. • *R$ 24,90*

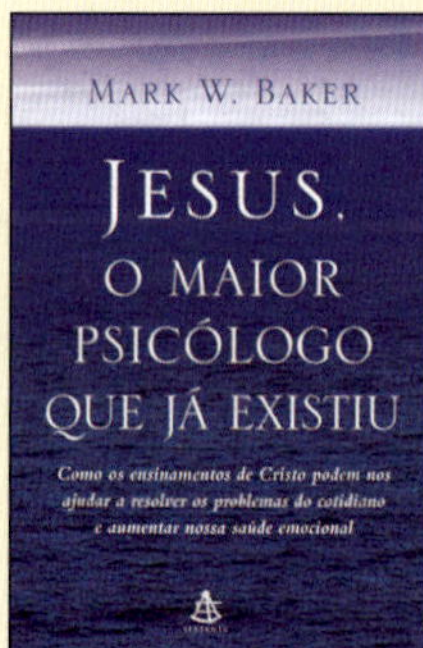

Como os ensinamentos de Cristo podem nos ajudar a resolver os conflitos do cotidiano. • *R$ 19,90*

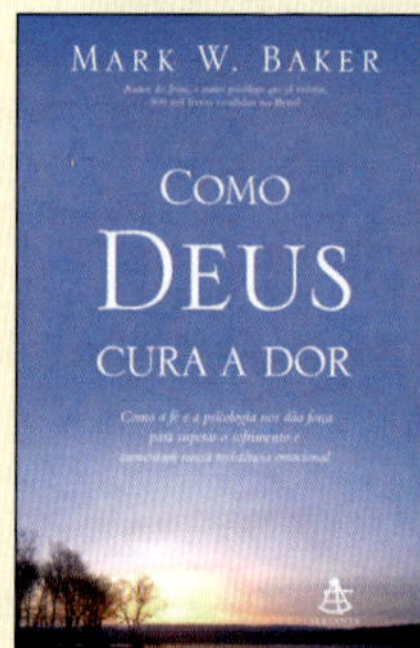

Como a fé e a psicologia podem nos dar força para superar o sofrimento e viver com sabedoria. • *R$ 19,90*

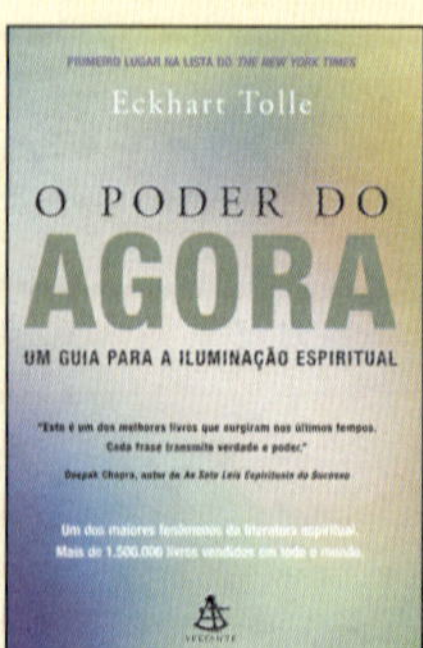

Um dos mais importantes guias para iluminação espiritual da atualidade. • *R$ 19,90*

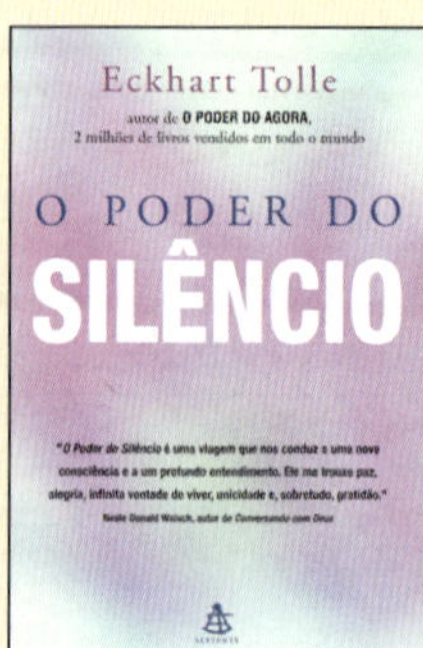

Este livro nos conduz a uma nova consciência e a um profundo entendimento do mundo. • *R$ 19,90*

Descubra como fazer pequenas mudanças no dia a dia para se livrar de grandes problemas. • *R$ 19,90*

Mitch Albom

Tenha um pouco de fé

Uma história real

SEXTANTE

tradução: Alves Calado
preparo de originais: Regina da Veiga Pereira
revisão: Hermínia Totti, Rebeca Bolite e Sheila Til
projeto gráfico e diagramação: Valéria Teixeira
design da capa: Phil Rose
adaptação da capa: Miriam Lerner
impressão e acabamento: Associação Religiosa Imprensa da Fé

CIP-BRASIL. CATALOGAÇÃO-NA-FONTE
SINDICATO NACIONAL DOS EDITORES DE LIVROS, RJ

A295t Albom, Mitch, 1958-
Tenha um pouco de fé: uma história real / Mitch Albom; tradução de Alves Calado. Rio de Janeiro: Sextante, 2010.

Tradução de: Have a little faith
ISBN 978-85-7542-543-5

1. Albom, Mitch, 1958- – Religião. 2. Lewis, Albert L. 3. Covington, Henry P. 4. Fé (Judaísmo). 5. Fé. I. Título.

CDD 296.7
10-0027 CDU 26-5

Rua Voluntários da Pátria, 45 – Gr. 1.404 – Botafogo
22270-000 – Rio de Janeiro – RJ
Tel.: (21) 2538-4100 – Fax: (21) 2286-9244
E-mail: atendimento@esextante.com.br
www.sextante.com.br

Finalmente, um livro
para meu pai,
Ira Albom, em quem
sempre acreditei.

Nota do autor

Esta história se estende por oito anos. Ela se tornou possível graças à cooperação de dois homens especiais: Albert Lewis e Henry Covington – que compartilharam detalhadamente suas histórias –, além de suas famílias, filhos e netos, a quem expresso gratidão eterna. Todos os encontros e conversas são acontecimentos verídicos, ainda que, para fins da narrativa, a linha temporal tenha sido comprimida em algumas ocasiões, de modo que, por exemplo, uma discussão acontecida em outubro de um ano possa ser apresentada em novembro do ano seguinte.

Além disso, embora seja um livro sobre a fé, não me considero um especialista em religião, nem espero que este seja um guia para qualquer crença específica. Pelo contrário, escrevi-o com a esperança de que todas as crenças possam encontrar algo universal nesta história.

A capa foi inspirada no antigo livro de orações de Albert Lewis, preso com tiras de elástico.

Segundo a tradição do dízimo, um décimo dos direitos autorais será doado para a caridade, inclusive a igreja, a sinagoga e os abrigos para moradores de rua que aparecem nesta história.

Agradeço aos leitores de meus outros livros e dou as boas-vindas aos leitores que chegam agora.

Com muito apreço.

Sumário

OUTONO, 107

INVERNO, 179

No princípio...

NO PRINCÍPIO houve uma pergunta.

– Você faria meu discurso fúnebre?

Não entendo, respondi.

– Meu discurso fúnebre – insistiu o velho. – Quando eu morrer.

Seus olhos piscaram por trás dos óculos. A barba muito bem aparada era grisalha, e ele se mantinha levemente encurvado.

O senhor está morrendo?

– Ainda não – respondeu ele rindo.

Então por que...

– Porque acho que você seria uma boa escolha. E acho que, quando chegar a hora, você saberá o que dizer.

Pense no homem mais devoto que você conhece. Seu padre. Seu pastor. Seu rabino. Seu imã. Agora imagine-o dando-lhe um tapinha no ombro e pedindo que você diga adeus ao mundo em nome dele.

Visualize o homem que manda pessoas para o céu pedindo que você faça o mesmo por ele.

– E então? – disse ele. – Você se sentiria confortável com isso?

NO PRINCÍPIO houve outra pergunta.

– O Senhor me salvaria, Jesus?

Esse homem estava segurando uma espingarda. Escondia-se atrás de latas de lixo na frente de uma casa geminada no

Brooklyn. Era tarde da noite. Sua mulher e sua filhinha estavam chorando. Ele vigiava os carros que vinham pelo quarteirão, certo de que os próximos faróis seriam os de seus assassinos.

– O Senhor me salvaria, Jesus? – perguntou tremendo. – Se eu prometer me entregar ao Senhor, me salvaria esta noite?

Pense no homem mais devoto que você conhece. Seu padre. Seu pastor. Seu rabino. Seu imã. Agora imagine-o com roupas sujas, uma espingarda na mão, implorando a salvação atrás de um monte de latas de lixo.

Visualize o homem que manda pessoas para o céu implorando para não ser mandado para o inferno.

– Por favor, Senhor – sussurrou ele. – Se eu prometer...

ESTA É UMA HISTÓRIA sobre a fé em alguma coisa, e sobre os dois homens que me ensinaram a acreditar. Demorou muito tempo para ser escrita. Levou-me a igrejas e sinagogas, aos subúrbios e ao centro da cidade, ao "nós" versus "eles" que divide a fé mundo afora.

E, finalmente, me levou para casa, para um santuário cheio de gente, para um caixão de pinho, para um púlpito vazio.

No princípio houve uma pergunta.

Tornou-se um pedido final.

– *Você faria meu discurso fúnebre?*

E, como costuma acontecer com a fé, pensei que estivessem me pedindo um favor, quando, na verdade, era eu quem o estava recebendo.

~ PRIMAVERA ~

VERÃO

OUTONO

INVERNO

É 1965...

... e meu pai me leva para a cerimônia religiosa das manhãs de sábado.

– Você deve ir – diz ele.

Tenho 7 anos, sou novo demais para fazer a pergunta óbvia: por que eu devo ir e ele não? Em vez disso, faço o que é mandado, entro no templo, caminho por um corredor longo e me viro em direção ao pequeno santuário onde acontece a cerimônia para crianças.

Uso uma camisa branca de mangas curtas e gravata de presilha. Abro a porta de madeira. Há crianças pequenas pelo chão. Meninos da terceira série bocejam. Meninas da sexta série usam malha preta de algodão e cochicham umas com as outras.

Pego um livro de orações. Os bancos de trás estão ocupados, por isso eu escolho um na frente. De repente, a porta se abre e a sala fica silenciosa.

O Homem de Deus entra.

Caminha como um gigante. Seu cabelo é grosso e escuro. Usa um manto comprido e, quando fala, seus braços balançam fazendo o manto se mover como um lençol adejando ao vento.

Conta uma história da Bíblia. Faz perguntas. Caminha pelo tablado. Aproxima-se de mim. Sinto uma onda de calor. Peço a Deus para me tornar invisível. Por favor, Deus, por favor.

É minha oração mais fervorosa do dia.

Março

A grande tradição de fugir

ADÃO SE ESCONDEU no Jardim do Éden. Moisés tentou fazer do seu irmão seu substituto. Jonas quis fugir num barco e foi engolido por uma baleia.

O homem gosta de fugir de Deus. É tradição. De modo que talvez eu apenas a estivesse seguindo quando, assim que aprendi a andar, comecei a fugir de Albert Lewis. Ele não era Deus, claro, mas aos meus olhos era a coisa mais próxima disso, um homem santo, um homem de fé, o chefão, o rabino principal. Meus pais entraram para a congregação dele quando eu era bebê. Mamãe me sentava no colo, e ele fazia sermões.

E, no entanto, assim que percebi quem ele era – um Homem de Deus –, fugi. Se o visse andando pelo corredor, saía correndo. Se tinha de passar pelo escritório dele, corria. Mesmo já adolescente, se o visse se aproximando, me escondia. Ele era alto, media 1,85m, e eu me sentia minúsculo em sua presença. Quando ele olhava para baixo através dos óculos de armação preta, eu tinha certeza de que podia ver todos os meus pecados e defeitos.

Por isso fugia.

Fugia até que ele não pudesse mais me ver.

PENSAVA NISSO ENQUANTO ia de carro até sua casa, numa manhã, depois de um aguaceiro, na primavera de 2000.

Algumas semanas antes, Albert Lewis, então com 82 anos, tinha feito aquele estranho pedido, num corredor, depois de uma palestra minha.

– *Você faria meu discurso fúnebre?*

Aquilo me fez parar. Nunca tinham me pedido algo assim. Ninguém – quanto mais um líder religioso. Havia pessoas ao redor, mas ele continuou sorrindo, como se fosse a pergunta mais normal do mundo, até que falei alguma coisa sobre a necessidade de tempo para pensar.

Depois de alguns dias, liguei para ele.

Certo, respondi, eu honraria seu pedido. Falaria no seu enterro – mas apenas se ele me deixasse conhecê-lo melhor, para que eu pudesse falar sobre ele como pessoa. Achei que isso exigiria alguns encontros.

– Concordo – disse ele.

Entrei em sua rua.

ATÉ AQUELE PONTO, tudo o que eu sabia sobre Albert Lewis era o que um membro da plateia sabe sobre um ator: sua atuação, sua presença de palco, o modo como mantinha a congregação fascinada com a voz imponente e os movimentos dos braços. Claro, nós já tínhamos estado mais próximos. Ele me dera aulas na infância e presidira cerimônias familiares – o casamento da minha irmã, o enterro da minha avó. Mas eu tinha ficado afastado por 25 anos.

Além disso, o que você sabe a respeito do *seu* ministro religioso? Você o escuta. Respeita. Mas o conhece como pessoa? O meu era distante como um rei. Eu nunca tinha feito uma refeição em sua casa. Nunca tinha saído com ele socialmente. Se ele possuía alguma falha, eu não a via. Hábitos? Não conhecia nenhum.

Bem, não é verdade. Eu conhecia um. Sabia que ele gostava de cantar. Todo mundo na nossa congregação sabia disso. Durante os sermões, qualquer frase podia se transformar numa ária. No meio de uma conversa, ele era capaz de entoar vigorosamente os substantivos ou verbos. Ele parecia ser seu próprio show da Broadway.

Em seus últimos anos, se você perguntasse como ele ia, seus olhos se franziam, ele erguia um dedo de maestro e entoava:

"O velho Rabino grisalho
não é mais como antes,
não é mais como antes..."

Pisei no freio. O que eu estava fazendo? Não era o homem certo para fazer o discurso. Não era mais religioso. Não vivia naquele estado. Era ele que falava em enterros, não eu. Quem faz o elogio fúnebre de um homem que faz elogios fúnebres? Eu queria girar o volante, inventar alguma desculpa.

O homem gosta de fugir de Deus.

Mas fui levado na outra direção.

Conheça o Rebbe

SUBI PELA PASSAGEM de veículos e pisei no tapete da entrada, cercado de folhas amassadas. Toquei a campainha. Até isso parecia estranho. Acho que eu pensava que não haveria campainha na casa de um homem santo. Olhando para trás, não sei o que esperava. Era uma casa. Onde mais ele moraria? Numa caverna?

Mas se eu não esperava uma campainha, certamente não estava pronto para o homem que abriu a porta. Usava sandálias com meias, bermuda comprida e uma camisa de botões, de mangas curtas, para fora da bermuda. Eu só vira o Rebbe usando manto comprido ou terno. Era assim que nós o chamávamos na adolescência, "O Rebbe". Meio como um super-herói. O Coisa. O Hulk. O Rebbe. Como mencionei, na época ele era uma força imponente, alto, sério, de rosto largo, sobrancelhas grossas, fartos cabelos escuros.

– Oláaa, rapaz – disse ele, animado.

Ah, oi, respondi, tentando não encará-lo.

De perto, ele parecia mais magro e frágil. Seus braços, que eu via expostos pela primeira vez, eram finos e cheios de marcas da idade. Óculos grossos se apoiavam no nariz, e ele piscou várias vezes, como se estivesse tentando ajustar o foco. Parecia um velho erudito que acabava de ser interrompido enquanto se vestia.

– Ennnntre – cantou ele. – *Enn-trez!*

Seu cabelo, repartido de lado, estava entre o grisalho e o

branco-neve, e a barba cinza e pontuda era muito bem aparada, mas notei alguns lugares onde ele tinha esquecido de raspar. O Rebbe foi arrastando os pés pelo corredor – e eu a reboque, olhando suas pernas ossudas e dando passos pequenos para não trombar com ele.

Como posso descrever o que senti naquele dia? Depois disso, descobri, no livro de Isaías, uma passagem em que Deus declara:

> "Meus pensamentos não são seus pensamentos
> Nem os seus caminhos são os meus caminhos
> Pois assim como os céus são mais altos do que a terra
> Meus caminhos são mais altos do que os seus
> E meus pensamentos, mais altos do que os seus."

Era assim que eu *esperava* me sentir – mais baixo, indigno. Aquele era um dos mensageiros de Deus. Eu deveria estar olhando para cima, certo?

Em vez disso, dava passos de bebê atrás de um velho que calçava sandálias com meias. E só conseguia pensar que ele parecia meio pateta.

Um pouco de história

PRECISO CONTAR POR QUE tentei fugir do encargo de fazer o discurso fúnebre, que, em termos religiosos, era onde eu estava quando toda essa história começou – para ser honesto, em lugar nenhum. Sabe o que o cristianismo fala dos anjos caídos? Ou como o Alcorão menciona o espírito Íblis, expulso do céu por se recusar a curvar-se diante da criação de Deus?

Aqui na terra, cair é menos dramático. Você escorrega. Você se desvia.

Eu sei. Eu fiz isso.

Ah, eu poderia ser devoto. Tive um milhão de chances. Elas começaram quando eu era garoto, num subúrbio de classe média em Nova Jersey, onde fui matriculado pelos meus pais num curso de três dias por semana na escola religiosa do Rebbe. Poderia ter aderido àquilo. Em vez disso, eu ia para o curso como um prisioneiro arrastado. Dentro da van (com as poucas outras crianças judias do nosso bairro), enquanto nos afastávamos, olhava pela janela com inveja dos meus amigos cristãos que jogavam bola na rua. *Por que eu?*, pensava. Durante as aulas, os professores distribuíam palitinhos salgados, e eu chupava sonhadoramente o sal até que a campainha tocasse, me libertando.

Aos 13 anos, de novo pressionado pelos meus pais, não somente tive de passar pelo treinamento necessário para fazer o bar mitzvah, como precisei aprender a ler a Torá, os rolos sagrados que contêm os cinco primeiros livros do Antigo

Testamento. Cheguei a me tornar um leitor regular das manhãs de sábado. Usando meu único terno (azul-marinho, claro), subia numa caixa de madeira que permitia que meus olhos ficassem acima do pergaminho. O Rebbe ficava ali perto, observando enquanto eu lia. Eu poderia ter falado com ele em seguida, discutido os textos bíblicos da semana. Nunca fiz isso. Apenas apertava sua mão depois dos cultos, entrava no carro do meu pai e ia para casa.

Meus anos de ensino médio – mais uma vez por insistência dos meus pais – foram passados principalmente numa escola particular, onde metade do dia era de ensino tradicional, e a outra, de religioso. Junto com álgebra e história europeia, estudei o Êxodo, o Deuteronômio, Reis, Provérbios, tudo na língua original. Escrevi trabalhos sobre arcas e maná, a Cabala, as muralhas de Jericó. Até aprendi uma forma antiga de aramaico para poder traduzir comentários talmúdicos e analisei eruditos do século XII, como Rashi e Maimônides.

Quando chegou a época da faculdade, fui para a Universidade Brandeis, onde quase todos os estudantes eram judeus. Para ajudar a pagar os estudos, cuidava de grupos de jovens num templo perto de Boston.

Em outras palavras, quando me formei e fui para o mundo, eu era tão versado em minha religião quanto qualquer leigo que eu conhecia.

E então?

Então praticamente a abandonei.

NÃO FOI UMA REVOLTA. Não foi uma trágica perda de fé. Para ser honesto, foi apatia. Falta de necessidade. Minha carreira de cronista esportivo estava florescendo, e o trabalho dominava meus dias. As manhãs de sábado eram passadas viajando para assistir a jogos de futebol universitário; as manhãs de domingo, aos profissionais. Eu não comparecia a cerimônias religiosas. Quem tinha tempo? Eu estava bem. Estava saudável. Estava ganhando dinheiro. Estava progredindo. Não precisava pedir muita coisa a Deus, e achava que, enquanto não estivesse machucando alguém, Deus também não me pediria grande coisa. Tínhamos firmado uma espécie de arranjo do tipo "você segue seu caminho e eu sigo o meu", pelo menos na minha mente. Eu não comparecia a rituais religiosos. Namorava garotas de muitas crenças. Casei-me com uma mulher linda, de cabelos escuros, cuja família era meio libanesa. Em dezembro, eu sempre lhe dava presentes de Natal. Nossos amigos faziam piadas. Um rapaz judeu casado com uma árabe cristã. Boa sorte.

Com o passar do tempo, desenvolvi um sentimento crítico em relação à religião. As pessoas que pareciam histéricas em sua devoção ao Espírito Santo me assustavam. E a hipocrisia devota que eu testemunhava na política e nos esportes – senadores indo das amantes para os cultos nas igrejas, técnicos de futebol violando as regras e depois se ajoelhando para rezar com o time – só fazia piorar as coisas. Além disso, os judeus nos Estados Unidos, tal como os devotos cristãos, muçulmanos ou hindus, não se expunham muito, porque havia uma sensação aflitiva de que alguém por perto não gostava da gente.

Por isso eu me segurava.

Na verdade, a única fagulha que mantive daqueles anos todos de prática religiosa foi a ligação com meu templo de infância em Nova Jersey. Por algum motivo, nunca entrei para outro. Eu morava em Michigan – a 950 quilômetros de lá.

Poderia ter encontrado um lugar mais próximo para rezar.

Em vez disso, me agarrei ao meu antigo assento, e a cada outono voava para casa e ficava perto do meu pai e da minha mãe durante as cerimônias dos dias santos. Talvez eu fosse teimoso demais para mudar. Talvez essa questão não fosse suficientemente importante para me incomodar. Mas, para minha surpresa, mantive um certo padrão:

Eu tinha um clérigo – e apenas um – desde o dia do meu nascimento.

Albert Lewis.

E ele tinha uma congregação.

Ambos cumpríamos uma sentença perpétua.

E isso, deduzi, era tudo o que tínhamos em comum.

A vida de Henry

AO MESMO TEMPO que eu crescia no subúrbio, um garoto mais ou menos da minha idade era criado no Brooklyn. Um dia ele também teria de enfrentar sua fé. Mas seu caminho era diferente.

Quando criança, ele dormia no meio de ratos.

Henry era o penúltimo dos sete filhos de Willie e Wilma Covington. Moravam num apartamento minúsculo e apinhado, na Warren Street. Quatro irmãos dormiam num quarto; três irmãs, no outro.

Os ratos ocupavam a cozinha.

À noite, a família deixava um pote de arroz na bancada, para que os ratos ficassem longe dos quartos. Durante o dia, o irmão mais velho de Henry mantinha os roedores a distância com uma espingarda de chumbinho. Henry cresceu aterrorizado por aquelas criaturas, o sono inquieto, com medo de ser mordido.

A mãe de Henry era empregada doméstica – trabalhava principalmente para famílias judias – e o pai era trambiqueiro, um homem alto e forte que gostava de cantar pela casa. Tinha uma voz doce e nas noites de sexta-feira se barbeava diante do espelho cantando "Big Legged Woman". A mulher soltava fogo pelas ventas, porque sabia aonde ele iria. Brigas irrompiam. Ruidosas e violentas.

Quando Henry tinha 5 anos, uma daquelas discussões motivadas pelo álcool levou seus pais para a rua, gritando e xingando. Wilma pegou uma espingarda calibre 22 e ameaçou atirar no marido. Outro homem pulou na frente no momento em que ela puxou o gatilho:

– Não, moça, não faça isso!

A bala o acertou no braço.

Wilma Covington foi mandada para Bedford Hills, uma prisão de segurança máxima para mulheres. Dois anos. Nos fins de semana, Henry ia visitá-la com o pai. Conversavam através de um vidro.

– Você sente saudade de mim? – ela perguntava.

– Sinto, mamãe – respondia Henry.

Naquele tempo, ele era tão magricela que o alimentavam com uma fórmula caramelada para que ganhasse peso e carne nos ossos. Nos domingos, ele frequentava uma igreja batista da vizinhança, onde o reverendo levava as crianças depois do culto para tomar sorvete. Henry gostava disso. Foi sua apresentação ao cristianismo. O reverendo falava de Jesus e do Pai, e Henry, que vira imagens de Jesus, tinha que formar sua própria imagem de Deus. Visualizava uma nuvem gigantesca e escura, com olhos que não eram humanos. E com uma coroa na cabeça.

À noite, Henry implorava para que a nuvem mantivesse os ratos a distância.

A pasta de Deus

ENQUANTO O REBBE me levava para seu pequeno escritório doméstico, tive a sensação de que um discurso fúnebre era um assunto sério demais, incômodo demais. Como se um médico e um paciente tivessem acabado de se conhecer e agora o paciente precisasse tirar todas as roupas. Não se começa uma conversa com: "E aí, o que devo falar a seu respeito quando você morrer?"

Tentei amenidades. O tempo. O velho bairro. Andamos pela sala, examinando as estantes apinhadas de livros e pastas de papel. A mesa estava coberta de cartas e blocos com anotações. Havia caixas abertas em toda parte, coisas que ele estava revisando, reorganizando, ou sei lá o quê.

– Sinto como se eu tivesse esquecido boa parte da minha vida – disse ele.

Talvez fosse necessária outra vida para examinar tudo isso, foi o que me ocorreu dizer.

– Ah – ele riu. – Que ótimo! Que ótimo!

Eu me senti desconfortável por estar fazendo o Rebbe rir, como se fosse algo especial e desrespeitoso ao mesmo tempo. De perto, ele não era o homem enorme da minha infância, o homem que parecia tão grande visto do meu lugar no meio da multidão.

Ali, ao nível do solo, ele parecia muito menor. Mais frágil. Tinha perdido alguns centímetros na velhice. Agora as bochechas largas eram frouxas, e ainda que o sorriso continuasse confiante e os olhos se estreitassem num olhar sábio e pensativo, ele se movia com os passos cuidadosos de uma pessoa preocupada com a possibilidade de cair. O poderoso Rebbe estava de braços dados com a mortalidade. Eu tinha uma pergunta de duas palavras: quanto tempo?

Em vez disso perguntei sobre suas pastas.

– Ah, estão cheias de histórias, ideias para sermões – disse. – Eu recorto jornais. Recorto revistas. – Ele riu. – Sou um colecionador de recortes dos Yankees.

Vi uma pasta onde estava escrito "Velhice". Em outra, enorme, estava escrito "Deus".

O senhor tem uma pasta sobre Deus?, perguntei.

– Tenho. Coloque-a mais embaixo, mais perto, se não se incomoda.

Fiquei nas pontas dos pés e peguei-a com cuidado, para não desarrumar as outras. Coloquei-a numa prateleira mais baixa.

– Mais perto, meu Deus, de vós – ele cantarolou.

FINALMENTE, NOS SENTAMOS. Abri um bloco de anotações. Meus muitos anos de jornalismo tinham condicionado uma postura de entrevista, e ele assentiu e piscou, como se entendesse que algo mais formal começara. Sua cadeira tinha o encosto baixo e rodinhas que lhe permitiam ir até a mesa ou um armário. Eu me sentei em uma poltrona de couro verde, onde afundei como uma criança.

– Está confortável? – ele perguntou.

Estou, menti.

– Quer comer alguma coisa?

Não, obrigado.

– Beber?

Estou bem.

– Bom.

Certo.

Eu não tinha anotado uma primeira pergunta. Qual seria a primeira pergunta adequada? Como se começa a resumir uma vida? Olhei de novo para a pasta onde estava escrito "Deus" e me dei conta de que, por algum motivo, ela me intrigava (o que haveria *dentro* daquela pasta?). Depois disse a coisa mais óbvia que poderia perguntar a um religioso:

O senhor acredita em Deus?

– Sim, acredito.

Escrevi isso no meu bloco.

O senhor costuma falar com Deus?

– Regularmente.

O que o senhor diz?

– Hoje em dia? – Ele suspirou, depois meio que cantarolou a resposta. – Hoje em dia eu digo: "Deus, sei que vou vê-lo em breve. E teremos algumas ótimas conversas. Mas, enquanto isso, Deus, se vai me levaaaar, me leve logo. E se vai me deixaaaar aqui"... – ele abriu as mãos e olhou para o teto – "... me dê, talvez, a força para fazer o que precisa ser feito."

Ele baixou as mãos. Sacudiu os ombros. Era a primeira vez que eu o ouvia falar sobre sua mortalidade. E de repente percebi que aquilo não era uma simples entrevista. Cada pergunta que eu fizesse àquele velho se somaria à que eu não tinha coragem de fazer.

O que devo dizer a seu respeito quando o senhor morrer?

– Aaah – ele suspirou, levantando os olhos de novo.

O que foi? Deus lhe respondeu?

Ele sorriu.

– Ainda estou esperando – disse.

É 1966...

... e minha avó está nos visitando. Acabamos de jantar. A louça está sendo tirada.

– É yahrzeit *– diz ela à minha mãe.*

– No armário – responde minha mãe.

Minha avó é uma mulher baixa e forte. Vai até o armário, mas a prateleira de cima está fora do seu alcance.

– Suba aí – ela me pede.

Subo.

– Está vendo a vela?

Em cima da prateleira há um vidro pequeno, cheio de cera. Um pavio se projeta do meio.

Isso?

– Cuidado.

Para que é isso?

– Seu avô.

Desço num pulo. Não conheci meu avô. Ele morreu de ataque cardíaco, depois de consertar uma pia num chalé de veraneio. Tinha 42 anos.

Isso era dele?, pergunto.

Mamãe põe a mão no meu ombro.

– Nós acendemos para nos lembrar dele. Vá brincar.

Saio da cozinha, mas dou uma olhada para trás e vejo mamãe e vovó paradas junto da vela, murmurando uma prece.

Mais tarde – depois de elas terem ido para o andar de cima – eu retorno. Todas as luzes estão apagadas, mas a chama ilumina a bancada da cozinha, a pia, a lateral da geladeira. Ainda não sei que se trata de um ritual religioso. Acho que é um tipo de magia. Fico me perguntando se meu avô está ali, um fogo minúsculo, sozinho na cozinha, preso num vidro.

Não quero morrer nunca.

A vida de Henry

HENRY COVINGTON TINHA apenas 10 anos quando aceitou Jesus como seu salvador. Estava num pequeno acampamento bíblico em Beaverkill, Nova York. Para Henry, o acampamento significava duas semanas longe do tráfego e do caos do Brooklyn. Ali, as crianças brincavam ao ar livre, perseguiam sapos, colocavam folhas de hortelã em vidros com água e os deixavam ao sol. À noite, os monitores acrescentavam açúcar e faziam chá.

Num começo de noite, uma monitora bonita, de pele clara, perguntou se Henry gostaria de rezar com ela. A garota tinha 17 anos, era magra e gentil. Usava saia marrom, blusa branca de babados e tinha o cabelo preso num rabo de cavalo. Henry achou-a tão linda que perdeu o fôlego.

Sim, disse ele. Rezaria com ela.

Saíram do dormitório.

– Seu nome é Henry e você é filho de Deus.

– Meu nome é Henry – ele repetiu – e sou filho de Deus.

– Quer aceitar Jesus como seu salvador?

– Quero, sim.

Ela pegou sua mão.

– Está confessando seus pecados?

– Estou.

– Quer que Jesus perdoe seus pecados?

– Quero.

Ela encostou a testa na dele. Sua voz baixou.

– Está pedindo para Jesus entrar na sua vida?

– Estou pedindo.

– Quer que eu reze com você?

– Quero – ele sussurrou.

Estava quente lá fora. O céu de verão ia se avermelhando para o crepúsculo. Henry sentiu a testa macia da garota, a mão dela apertando a sua, as orações sussurradas tão perto dos seus ouvidos. Certamente isso era a salvação. Ele a aceitou de todo o coração.

No dia seguinte, um amigo pegou uma espingarda de chumbinho, e foram caçar sapos.

ABRIL

A casa da paz

EU DIRIGIA O CARRO lentamente sob uma garoa leve de primavera. Para nosso segundo encontro, tinha pedido para ver o Rebbe trabalhando, porque precisava saber o que dizer depois de sua morte, certo?

Era estranho dirigir pelo subúrbio de Nova Jersey onde eu tinha crescido. Na época, o lugar era provinciano e de classe média. Os pais trabalhavam, as mães cozinhavam, os sinos das igrejas tocavam – e eu mal podia esperar para sair à rua. Terminei o ensino médio, fui para a faculdade perto de Boston, me mudei para a Europa, depois para Nova York, e nunca mais voltei a morar ali. O lugar parecia acanhado demais para o que eu queria alcançar na vida. Eu sonhava viajar, fazer amigos estrangeiros em cidades do exterior. Tinha ouvido a expressão "cidadão do mundo". Queria ser um.

Mas ali estava eu, com 40 e poucos anos, de volta à minha cidade natal. Passei por uma mercearia e vi uma placa dizendo "Raspadinha de gelo". Quando criança, adorávamos aquele gelo sabor cereja ou limão – 10 centavos o copo pequeno; 25, o grande. Na verdade, nunca encontrei nada igual em lugar algum. Vi um homem sair lambendo um copo daquilo e por um instante imaginei como seria minha vida se tivesse ficado naquele lugar – um adulto lambendo gelo raspado.

Descartei rapidamente o pensamento. Eu estava ali com um propósito. Um discurso fúnebre. Quando terminasse, voltaria para casa.

O ESTACIONAMENTO ESTAVA quase vazio. Aproximei-me do templo, com seu alto arco de vidro, mas não senti qualquer nostalgia. Aquela não era a casa de orações da minha juventude. Como acontece com muitas igrejas e sinagogas suburbanas, nossa congregação, Templo Beth Sholom (que significa "casa da paz"), tinha migrado. Começou num lugar e se mudou para outro, crescendo à medida que perseguia seus membros que, com o passar dos anos, escolhiam subúrbios mais prósperos.

Antigamente eu pensava que igrejas e templos eram como montanhas, permanentes na localização e na forma. Mas a verdade é que muitos vão atrás dos clientes. Constroem e reconstroem. O nosso começara numa casa vitoriana reformada, num bairro residencial, e era agora um enorme edifício com saguão espaçoso, 19 salas de aula e escritórios e uma parede com homenagens aos generosos benfeitores que tinham tornado aquela construção possível.

Pessoalmente, eu preferia a apertada casa de tijolos da minha infância, onde a gente sentia aromas da cozinha quando passava pela porta dos fundos. Eu conhecia cada centímetro daquele lugar. Até o armário de vassouras, onde costumávamos nos esconder.

Onde me escondi uma vez do Rebbe.

Mas o que na vida permanece igual?

AGORA O REBBE ESTAVA me esperando no saguão, desta vez usando paletó esporte e uma camisa com colarinho. Cumprimentou-me com um refrão de "Hello, Dolly":

"Oláaa, Mitchell,
Oláaa, Mitchell,
É tão bom tê-lo de volta
Ao seu lugar..."

GRUDEI UM SORRISO no rosto. Não sabia quanto tempo ia aguentar aqueles números musicais.

Perguntei como ele estava. Rebbe falou de ataques de tontura. Perguntei se eram sérios.

Ele deu de ombros.

– Deixe-me colocar do seguinte modo – disse. – *O velho Rabino grisalho...*

Não é mais como antes, completei.

– Ah.

Eu me senti mal por tê-lo interrompido. Por que eu era tão impaciente?

Seguimos pelo corredor até seu escritório. A essa altura da vida, semiaposentado, ele escolhia livremente como usar seu tempo. Podia ficar em casa, se desejasse. Ninguém iria questionar.

Mas a religião se baseia em rituais, e Rebbe adorava o ritual de ir trabalhar. Tinha criado a congregação começando com umas poucas dúzias de famílias, em 1948, e chegava a mais de mil naquele momento. Tive a sensação de que o lugar crescera demais para o gosto dele. Havia muitos membros que ele não conhecia pessoalmente. Agora também havia outros rabinos – um chefe, um assistente – que cuidavam dos deveres cotidianos. A ideia de ter assistentes teria sido risível quando ele começou. Naquela época, Rebbe costumava trancar a porta e carregar as chaves com ele.

– Olhe.

Ele apontou para uma pilha de presentes em uma sala.

O que é isso?, perguntei.

– A sala da noiva. Elas vêm aqui para se vestir antes do casamento.

Ele passou os olhos pelos presentes e sorriu.

– Linda, não é?

O quê?

– A vida – disse ele.

É 1967...

... e as casas estão enfeitadas para o Natal. A maioria dos nossos vizinhos é católica.

Um dia de manhã, depois de uma nevasca, um amigo e eu andamos até a escola, usando casacos com capuz e botas de borracha. Chegamos a uma casinha com um presépio em tamanho real no jardim.

Paramos. Estudamos as figuras. Os magos. Os animais.

Aquele ali é Jesus?, pergunto.

– Qual?

O de pé. Com a coroa.

– Acho que é o pai dele.

Jesus é o outro cara?

– Jesus é o neném.

Onde?

– No berço, idiota.

Esticamos o pescoço. Da calçada, não dá para ver.

– Vou olhar – diz meu amigo.

É melhor não.

– Por quê?

Você pode se encrencar.

Não sei por que digo isso. Naquela idade já sinto o mundo como "nós" e "eles". Se você é judeu, não deve falar sobre Jesus, ou talvez nem olhar para Jesus.

– Vou olhar assim mesmo – diz meu amigo.

Eu o sigo, nervoso. A neve faz um barulho suave debaixo dos nossos pés. De perto, as figuras dos três magos parecem falsas, de plástico duro, com a pele pintada de laranja.

– É aquele – diz meu amigo.

Espio por cima de seu ombro. Ali, dentro do berço, está o menino Jesus, deitado sobre feno pintado. Estremeço. Fico com medo de que ele abra os olhos e grite: "Peguei você!"

Venha, a gente vai se atrasar, digo recuando.

Meu amigo dá um risinho de desprezo.

– Covarde – diz ele.

A vida de Henry

TENDO APRENDIDO a acreditar no Pai, e tendo aceitado o Filho como seu salvador, Henry levou a sério o Espírito Santo, pela primeira vez, quando tinha 12 anos, numa noite de sexta-feira na Igreja da Verdadeira Libertação, no Harlem.

Era uma igreja pentecostal e, como parte da tradição, as pessoas eram conclamadas a receber o Espírito Santo. Henry acompanhou os outros até o púlpito e, quando chegou sua vez, foi ungido com azeite e depois recebeu a ordem de se ajoelhar e se inclinar sobre um jornal.

– Chame-o – escutou vozes dizendo.

Então, Henry chamou. Disse "Jesus" e "Jesus" e depois "Jesus, Jesus, Jesus", repetidamente, até que as palavras se embolaram umas nas outras. Cambaleou para trás e para a frente, e falou repetidamente o nome. Minutos se passaram. Seus joelhos começaram a doer.

– Jesus, Jesus, Jesus, Jesus, Jesus...

– Chame! – berravam os membros da igreja. – Chame-o!

– *Jesus, Jesus, Jesus, Jesus, Jesus...*

– Está vindo! Chame agora!

Sua cabeça latejava. Sentia cãibras nas pernas.

– *JesusJesusJesusJesusJesusJesusJesusJesus...*

– Quase! Quase!

– Chame! Chame!

Ele estava suando, engasgando, 15 minutos, talvez 20. Por fim, as palavras ficaram tão emboladas e confusas que não pareciam mais "Jesus", eram apenas sílabas, gorgolejos, murmúrios, gemidos e saliva escorrendo da língua, dos dentes e dos lábios para o jornal. Sua voz, a língua, os dentes e os lábios estavam fundidos numa máquina que se sacudia, enlouquecida de frenesi...

– *JelesuslsjesleuesJesuslelelajelsusu*...

– Você recebeu! Ele recebeu!

E tinha recebido. Ou pelo menos, pensou que tinha. Respirou fundo e tentou se acalmar. Enxugou o queixo. Alguém embolou o jornal molhado e o levou.

– Como se sente agora? – perguntou o pastor.

– Bem – ofegou Henry.

– Você se sente bem porque Ele lhe deu o Espírito Santo?

E ele se sentia. Sentia-se bem. Ainda que não tivesse realmente certeza do que tinha feito. Mas o pastor sorriu e pediu ao Senhor para proteger Henry, e era principalmente isso que ele queria, uma prece de proteção. Ela o fez sentir-se seguro quando retornou ao seu bairro.

Naquela noite, Henry recebeu o Espírito Santo em seu corpo. Mas logo aquele corpo receberia outras coisas também. Primeiro cigarros. Depois álcool. Na sexta série Henry foi expulso por ter brigado com uma garota, e logo acrescentou maconha à lista.

Numa ocasião, na adolescência, ouviu a mãe conversando com parentes e dizendo como, entre todos os seus filhos, Henry era especial, tinha um grande coração e um bom temperamento. Seu menino "ia ser pregador um dia".

E Henry riu sozinho.

– Pregador? Sabe que quantidade dessa coisa eu estou fumando?

A labuta cotidiana da fé

O ESCRITÓRIO DO REBBE no trabalho não era muito diferente da versão doméstica. Bagunçado. Esparramado. Papéis. Cartas. Lembranças. E muito senso de humor. Na porta havia uma lista de bênçãos, alguns pôsteres engraçados e até uma placa falsa de estacionamento que dizia:

SE PEGAR MINHA VAGA
EU QUEBRO SUA CARA.

Assim que nos sentamos, pigarreei. Minha pergunta era simples. Algo absolutamente necessário para construir um discurso fúnebre adequado.

Por que o senhor entrou para esse negócio?

– Esse negócio?

A religião.

– Ah.

O senhor recebeu um chamado?

– Eu não diria isso, não.

Não houve uma visão? Um sonho? Deus não apareceu para o senhor de alguma forma diferente?

– Acho que você andou lendo demais.

Bem. A Bíblia.

Ele riu.

– Eu não estou nela.

NÃO QUERO SER DESRESPEITOSO. Só que eu sempre havia sentido que os rabinos, padres, pastores, na verdade qualquer clérigo, viviam num plano entre o terreno mortal e o céu divino. Deus lá em cima. Nós aqui embaixo. Eles no meio.

Isso era fácil de acreditar com o Rebbe, pelo menos quando eu era mais novo. Além de sua presença imponente e sua reputação brilhante, havia os sermões. Feito com paixão, humor, indignação feroz ou sussurros arrepiantes, para Albert Lewis o sermão era como um gol para o artilheiro, como uma ária de ópera para Pavarotti. Era o motivo pelo qual as pessoas iam ao templo. Nós sabíamos disso – e, bem no fundo, acho que ele também sabia. Tenho certeza de que há congregações onde as pessoas saem de fininho antes do início do sermão. Não na nossa. As pessoas consultavam o relógio e apressavam o passo quando achavam que poderiam se atrasar para ouvir a mensagem do Rebbe.

Por quê? Acho que porque seu sermão não tinha nada de tradicional. Mais tarde, eu ficaria sabendo que ele tinha sido treinado para fazer um sermão formal, acadêmico – comece no ponto A, vá até o ponto B, forneça análise e referências de apoio. Mas, depois de duas ou três tentativas, o Rebbe desistiu. Percebeu logo que as pessoas estavam perdidas. Entediadas. Ele viu nos rostos.

Por isso, começou com o primeiro capítulo do Gênesis, dividiu-o nas ideias mais simples e relacionou-as à vida cotidiana. Fez perguntas. Recebeu perguntas. E um novo estilo nasceu.

Com o passar dos anos, esses sermões se transformaram em desempenhos fascinantes. Ele falava com o talento de um mágico, indo de crescendo em crescendo, misturando uma citação bíblica com uma música do Sinatra, com uma piada, com expressões iídiches e, de vez em quando, pedindo a participação da plateia ("Alguém se oferece como voluntário?"). Valia tudo. Houve um sermão em que ele puxou um banco e leu *A tartaruga Yertle*, do Dr. Seuss. Houve outro em que ele cantou "Those Were the Days". Certa vez ele trouxe uma abóbora e um pedaço de madeira, depois cravou uma faca em cada um para mostrar que as coisas que crescem depressa costumam ser destruídas com mais facilidade do que as que demoram a crescer.

Ele podia citar revistas e jornais, um quadrinho do Charlie Brown, Shakespeare ou uma série famosa de TV. Cantava em inglês, hebraico, italiano, ou num falso sotaque irlandês. Músicas pop, folclóricas, antigas. Aprendi mais sobre o poder da linguagem com os sermões do Rebbe do que com qualquer livro que li. Era possível olhar em volta e perceber que ninguém sequer desviava os olhos dele. Mesmo quando ele dava uma bronca, as pessoas ficavam fascinadas. Honestamente, a gente soltava o ar quando ele terminava – para você ver como ele era bom.

MOTIVO PELO QUAL, DADA a sua profissão, eu me perguntei se ele tivera uma inspiração divina. Lembrei-me de Moisés e da sarça ardente, de Balaão e sua jumenta, de Jó e o redemoinho. Para pregar palavras santas, eu presumia, era preciso ter recebido alguma revelação.

– Nem sempre funciona assim – disse o Rebbe.

Então o que o atraiu?

– Eu queria ser professor.

Professor de religião?

– Professor de história.

Tipo numa escola comum?

– Tipo numa escola comum.

Mas o senhor entrou para o seminário.

– Tentei.

Tentou?

– Na primeira vez, não consegui passar.

Está brincando comigo.

– Não. O diretor do seminário, Louis Finkelstein, me puxou de lado e disse: "Al, apesar de você saber muito, não sentimos que tenha o dom necessário para ser um rabino bom e inspirador."

O que o senhor fez?

– O que eu podia fazer? Fui embora.

BOM, ISSO ME DEIXOU PASMO. Você poderia dizer muitas coisas sobre Albert Lewis. Mas não ter o dom necessário para inspirar e liderar uma congregação? Impensável. Talvez os líderes do seminário o achassem excessivamente gentil. Ou tímido demais. Qualquer que fosse o motivo, o fracasso o esmagou.

Ele pegou um trabalho de verão como monitor de acampamento em Port Jervis, em Nova York. Um dos meninos era particularmente difícil. Se as outras crianças se juntavam num lugar, ele ia para outro. Se lhe pediam para sentar-se, ele ficava de pé numa atitude desafiadora.

O nome do garoto era Phineas, e Al passou a maior parte do verão encorajando-o, ouvindo seus problemas, sorrindo pacientemente. Al entendia a angústia da adolescência. Tinha sido um adolescente gorducho num ambiente religioso enclausurado. Tivera poucos amigos. Nenhuma namorada.

Assim, Phineas encontrou em seu monitor uma alma irmã. E, no final do acampamento, o garoto mudara.

Algumas semanas depois, Al recebeu um telefonema do pai de Phineas, convidando-o para jantar. Por acaso, o sujeito era Max Kadushin, um grande erudito judeu e força importante no movimento conservador. À mesa, naquela noite, ele disse:

– Al, nem sei como lhe agradecer. Você mandou de volta um garoto diferente. Você me mandou um jovem homem.

Al sorriu.

– Você leva jeito com as pessoas, principalmente com as crianças.

Al agradeceu.

– Já pensou em tentar entrar para o seminário?

Al quase engasgou.

– Tentei. Não consegui.

Max pensou por um momento.

– Tente de novo – disse.

E com a ajuda de Kadushin, a segunda tentativa de Albert Lewis foi melhor do que a primeira. Saiu-se muito bem. Foi ordenado.

Não muito tempo depois, pegou um ônibus até Nova Jersey e foi entrevistado para seu primeiro e único cargo no púlpito. Mais de cinquenta anos depois, ele ainda o mantinha.

Nenhum anjo?, perguntei. Nenhuma sarça ardente?

– Um ônibus – disse o Rebbe, rindo.

Rabisquei uma anotação. O homem mais inspirador que eu conhecera tinha alcançado o seu potencial ao ajudar uma criança a alcançar o dela.

QUANDO SAÍ DE SEU escritório, guardei o bloco de papel amarelo. Nesses nossos encontros, eu tinha ficado sabendo que ele acreditava em Deus, que falava com Deus, que se tornara um Homem de Deus meio por acaso e que era bom com crianças. Era um começo.

Andamos até o saguão. Olhei o grande prédio ao redor, que em geral eu via apenas uma vez por ano.

– É bom vir para casa, não é? – disse o Rebbe.

Dei de ombros. Não era mais minha casa.

Posso contar essas histórias quando... eu fizer o discurso fúnebre?, perguntei.

Ele coçou o queixo.

– Quando chegar a hora, acho que você vai saber o que dizer.

A vida de Henry

QUANDO HENRY TINHA 14 ANOS, seu pai morreu depois de um longo período de doença. Henry usou um terno para ir à funerária, porque Willie Covington insistia em que todos os filhos tivessem ternos, mesmo que não houvesse dinheiro para mais nada.

A família se aproximou do caixão aberto. Olharam para o corpo. Willie tinha a pele extremamente escura, mas a maquiagem da funerária o deixara num tom moreno-avermelhado. A irmã mais velha de Henry começou a chorar descontroladamente. Pôs-se a limpar a maquiagem, gritando:

– Meu pai não era assim!

O irmão mais novo de Henry tentou entrar no caixão. Sua mãe chorava.

Henry olhava em silêncio. Só queria o pai de volta.

Antes de Deus, Jesus ou qualquer poder mais alto, Henry tinha venerado o pai, um ex-colchoeiro da Carolina do Norte, que media 1,95m e tinha o peito cheio de cicatrizes de tiros, cujos motivos nunca explicara aos filhos. Era um sujeito durão que fumava um cigarro atrás do outro e gostava de beber. Mas quando chegava em casa à noite, embriagado, chamava gentilmente Henry e dizia:

– Você gosta do seu pai?

– Gosto – dizia Henry.

– Dê um abraço no seu pai agora. Dê um beijo no seu pai.

Willie era um enigma, um homem sem um emprego de verdade e que exigia que os filhos fossem educados, um trambiqueiro e agiota que proibia coisas roubadas em casa. Quando Henry começou a fumar, na sexta série, a única reação do pai foi:

– Nunca *me* peça um cigarro.

Mas Willie adorava os filhos, e os desafiava, fazendo perguntas sobre temas escolares, oferecendo 1 dólar pelas perguntas fáceis, 10 dólares por um problema de matemática. Henry adorava ouvi-lo cantar – sobretudo antigas músicas religiosas.

Mas logo o canto parou. Willie pigarreava e tossia. Teve enfisema e tuberculose cerebral. No último ano de vida, ficou praticamente o tempo todo de cama. Henry preparava a comida e levava para ele, embora o pai cuspisse sangue e praticamente não comesse.

Uma noite, depois de Henry levar o jantar, o pai olhou-o com tristeza e disse com voz rouca:

– Escute, filho, se algum dia ficar sem cigarro, pode pegar os meus.

Algumas semanas depois, morreu.

No enterro, Henry ouviu um pastor batista dizer algo sobre a alma e Jesus, mas não prestou muita atenção. Ficou pensando que o pai voltaria, que simplesmente iria aparecer um dia à porta cantando suas canções prediletas.

Meses se passaram. Isso não aconteceu.

Por fim, tendo perdido seu único herói, Henry, o filho do trambiqueiro, tomou uma decisão: a partir daquele momento, pegaria o que quisesse.

Maio

Ritual

A PRIMAVERA TINHA QUASE terminado, o verão estava a caminho e o sol do fim da manhã ardia quente através da janela da cozinha. Era nosso terceiro encontro. Antes de começarmos, o Rebbe me serviu um copo d'água.

– Gelo? – perguntou.

Não precisa, respondi.

– Não precisa – cantou ele. – Não precisa pôr o gelo... Seria bom fazê-lo... mas sem gelo...

Ao voltarmos para o seu escritório, passamos por uma grande foto dele ainda jovem, de pé numa montanha, sob um sol luminoso. Seu corpo era alto e forte, o cabelo preto penteado para trás – como eu me lembrava dele, da infância.

Bela foto, eu disse.

– Foi um momento de orgulho.

Onde?

– No monte Sinai.

Onde os Dez Mandamentos foram dados a Moisés?

– Exatamente.

Quando foi isso?

– Nos anos 1960. Eu estava viajando com um grupo de estudiosos. Um cristão e eu subimos. Ele tirou a foto.

Quanto tempo demorou a subida?

– Horas. Subimos durante a noite toda e chegamos ao nascer do sol.

Olhei seu corpo envelhecido. Agora uma viagem daquelas seria impossível. Seus ombros estreitos estavam encurvados, e a pele dos pulsos era enrugada e frouxa.

Enquanto ele entrava no escritório, notei um pequeno detalhe na foto. Junto com a camisa branca e um xale de oração, o Rebbe usava os tradicionais tefilin, caixinhas contendo versículos bíblicos que os judeus devotos amarram na cabeça e nos braços enquanto recitam as orações da manhã.

Ele disse que subiu a montanha a noite toda.

O que significava que os tinha levado.

ESSE TIPO DE RITUAL era uma parte importante da vida do Rebbe. Orações da manhã. Orações da noite. Comer determinados alimentos. Privar-se de outros. No sábado, ia a pé até a sinagoga, sob chuva ou sol, sem usar carro, segundo a lei judaica. Nos dias santos e de festa, participava das tradições, recebendo convidados para o Seder de Páscoa ou jogando pão num riacho no Rosh Hashana, livrando-se simbolicamente de seus pecados.

Como o catolicismo, com suas vigílias e sacramentos – ou o islamismo, com a salá cinco vezes por dia, as roupas limpas e os tapetes de oração –, o judaísmo tinha rituais suficientes para manter a pessoa ocupada o dia todo, a semana toda, o ano todo.

Guardei uma lembrança de infância: o Rebbe censurando a congregação – gentilmente e, às vezes, não tão gentilmente – por fazer os rituais desaparecerem, por deixar de lado atos tradicionais, como acender velas ou dizer bênçãos, e até mesmo por negligenciar o kadish, a oração feita para entes amados falecidos.

Mas, por mais que ele pedisse que os membros de sua congregação se agarrassem às tradições, ano após ano eles abriam mão de um pouco mais. Deixavam passar uma oração aqui. Ignoravam um dia santo ali. Casavam-se com pessoas de outras crenças – como eu fiz.

Perguntei, agora que seus dias estavam se acabando, até que ponto o ritual ainda era importante.

– É vital – ele disse.

Mas por quê? Bem no fundo, o senhor conhece suas convicções.

– Mitch, a fé tem a ver com ações. Você é o modo como age, não apenas o modo como acredita.

BOM, O REBBE NÃO meramente praticava seus rituais. Incorporava-os ao cotidiano. Se não estivesse rezando, estava estudando – o que era uma parte importante de sua fé –, fazendo caridade ou visitando doentes. Talvez sua vida fosse excessivamente previsível e sem graça pelos padrões americanos. Afinal, somos condicionados a rejeitar a "velha rotina" e a manter as coisas novas e frescas. O Rebbe não curtia coisas frescas. Nunca seguia modas. Não fazia pilates, nem jogava golfe (alguém lhe deu um taco uma vez; ficou na garagem durante anos).

Mas havia algo muito sereno e tranquilizador em sua vida devota, no modo como ia de um costume ao outro, como em certas horas realizava determinados atos, como todo outono construía uma cabana sucá com o teto aberto para as estrelas, como a cada semana respeitava o sábado, dividindo o mundo em seis dias mais um, seis dias mais um.

– Meus avós faziam essas coisas. Meus pais, também. Se eu jogo fora o padrão, o que isso diz sobre a vida deles? Ou sobre a minha? De geração em geração, esses rituais são o modo de permanecermos...

Ele girou a mão, procurando a palavra.

Ligados?, disse eu.

– Ah. – Ele sorriu. – Ligados.

O fim da primavera

ENQUANTO ANDÁVAMOS NAQUELE dia até a porta da frente, senti uma onda de culpa. Eu já praticara rituais, mas os vinha ignorando há décadas. Naquela época não fazia uma única coisa que me ligasse à minha fé. Ah, eu tinha uma vida empolgante. Viajava um bocado. Conhecia pessoas interessantes. Mas minha rotina – malhar, ver os noticiários, verificar os e-mails – não tinha maior significado, e não estava ligada às tradições. A que eu estava ligado? Um programa de TV predileto? O jornal da manhã? Meu trabalho exigia flexibilidade. Um ritual era o oposto disso.

Além do mais, eu considerava os costumes religiosos algo doce mas ultrapassado, como datilografar usando papel-carbono. Para ser honesto, a coisa mais próxima de uma rotina religiosa que eu fazia era visitar o Rebbe. Agora eu o vira no trabalho e em casa, em momentos de riso e nas horas de descanso. Eu o tinha visto de bermuda.

Também tinha estado com ele em uma única primavera mais vezes do que normalmente o veria em três anos. Ainda não entendia. Eu era um daqueles fiéis que causavam desapontamento. Por que ele tinha me escolhido para fazer parte de sua morte, quando eu praticamente o abandonara durante a vida?

Chegamos à porta.

Mais uma pergunta, eu disse.

– Vai perguntaaar – cantou ele – para terminaaar...

Como o senhor não fica cético?

Ele parou.

– Não há espaço para ceticismo neste tipo de trabalho.

Mas as pessoas têm muitas falhas. Ignoram o ritual, ignoram a fé – ignoram até sua existência. O senhor não se cansa de tentar?

Ele me examinou com simpatia. Talvez percebesse o que eu estava perguntando realmente: *Por que eu?*

– Deixe-me responder com uma história. Era uma vez um vendedor, certo? E ele bate numa porta. O homem que atende diz: "Hoje não preciso de nada." No dia seguinte, o vendedor retorna. "Fique longe daqui", diz o homem. No outro dia, o vendedor está de volta. O homem grita: "Você de novo! Eu avisei!" O sujeito fica com tanta raiva que cospe na cara do vendedor. O vendedor sorri, enxuga o cuspe com um lenço, depois olha para o céu e diz: "Deve estar chovendo." Mitch, a fé é isso. Se cospem no seu rosto, você diz que deve estar chovendo. Mas, mesmo assim, volta no dia seguinte.

Ele sorriu.

– Então, você vai voltar também? Talvez não *amanhã*...

Rebbe abriu os braços como se esperasse um pacote chegando. E pela primeira vez na vida fiz o contrário de fugir.

Dei-lhe um abraço.

Foi rápido. Desajeitado. Mas senti os ossos pontudos das costas e a bochecha áspera contra a minha. E naquele abraço rápido foi como se um Homem de Deus maior do que a vida estivesse se encolhendo até assumir um tamanho humano.

Acho, olhando para trás, que foi o momento em que o pedido de um discurso fúnebre se transformou em outra coisa.

PRIMAVERA
~ VERÃO ~
OUTONO
INVERNO

É 1971...

Tenho 13 anos. É o grande dia. Inclino-me sobre os rolos sagrados segurando um ponteiro de prata; a ponta tem a forma de mão. Sigo o texto antigo, entoando as palavras. Minha voz adolescente desafina.

Na primeira fila, estão sentados meus pais, irmãos e avós. Atrás deles, mais parentes, amigos e os garotos da escola.

Só olhe para baixo, *digo a mim mesmo.* Não faça bobagem.

Continuo por um tempo. Saio-me bastante bem. Quando termino, o grupo de homens em volta aperta minha mão molhada. Eles murmuram: "Yishar co-ach" *– parabéns –, e depois me viro e faço a longa caminhada até o púlpito, onde o Rebbe, de manto, espera.*

Ele olha para baixo através dos óculos. Sinaliza para eu me sentar. A cadeira parece enorme. Vejo seu livro de orações, que tem recortes enfiados entre as páginas. Sinto-me como se estivesse em seu refúgio particular. Ele canta alto e eu canto, também – também alto, para que ele não pense que estou afrouxando –, mas meus ossos tremem. Termino com a parte obrigatória do meu bar mitzvah, mas nada é tão inquietante quanto o que está por vir: a conversa com o rabino. Não há como estudar para isso. É lance livre. E o pior de tudo: é preciso ficar parado perto dele. Não há como fugir de Deus.

Quando a oração termina, levanto-me. Mal alcanço acima da estante de leitura, e algumas pessoas da congregação precisam se deslocar para me ver.

– Então, como está se sentindo, meu jovem? – pergunta o Rebbe. – Aliviado?

É, murmuro.

Ouço risos abafados vindos da multidão.

– Quando conversamos há algumas semanas, eu perguntei o que você achava dos seus pais. Você se lembra?

Mais ou menos, digo.

Mais risos.

– Eu perguntei se você achava que eles eram perfeitos ou se precisavam melhorar. E você se lembra o que falou?

Congelo.

– Você disse que eles não eram perfeitos, mas...

Ele balança a cabeça para mim.

– Vá em frente. Fale.

Mas que eles não precisam melhorar?, eu pergunto.

– Mas que eles não precisam melhorar – ele confirma. – Isso é muito interessante. Sabe por quê?

Não, respondo.

Mais risos.

– Porque significa que você quer aceitar as pessoas como elas são. Ninguém é perfeito. Nem mesmo mamãe e papai. Muito bem.

Ele sorri e põe as duas mãos sobre a minha cabeça. Recita uma bênção.

– Que a face do Senhor brilhe sobre você...

Portanto, agora estou abençoado. O Senhor brilha sobre mim.

Isso significa que tenho de fazer mais ou menos coisas?

A vida de Henry

MAIS OU MENOS NA ÉPOCA em que, em termos religiosos, eu estava virando "um homem", Henry estava virando um criminoso.

Começou roubando carros. Bancava o vigia enquanto o irmão mais velho arrombava as trancas. Passou a roubar bolsas, depois a furtar nas lojas, sobretudo nas mercearias, levando bandejas de carne de porco e salsichas, que escondia nas calças e nas camisas grandes demais.

A escola era uma causa perdida. Enquanto outros meninos de sua idade iam a jogos de futebol e a bailes de formatura, Henry estava cometendo assalto à mão armada. Jovem, velho, branco, negro, não importava. Ele sacudia a arma e exigia o dinheiro, a carteira, as joias.

Passaram-se os anos. Com o tempo, fez inimigos nas ruas. No outono de 1976, um rival do bairro tentou envolvê-lo num assassinato. O cara disse aos policiais que o assassino era Henry. Mais tarde, disse que era outra pessoa.

Mesmo assim, quando os tiras foram interrogá-lo, Henry, então com 19 anos e estudos até a sexta série, achou que poderia virar a mesa contra o rival e, ainda por cima, ganhar uma recompensa de 5 mil dólares.

Assim, em vez de dizer "Não faço ideia" ou "Eu nem estava lá perto", inventou mentiras sobre quem estava onde e quem fez o quê. Inventou uma mentira depois da outra. Colocou-se na cena do crime, mas não como participante. Achou que estava sendo esperto.

Não poderia ter sido mais idiota. Acabou preso por causa das mentiras – junto com outro cara – e acusado de homicídio culposo. O outro cara foi julgado, condenado e recebeu pena de 25 anos. O advogado de Henry recomendou rapidamente um acordo. Sete anos. Aceite.

Henry ficou arrasado. Sete anos? Por um crime que não cometeu?

– O que eu deveria fazer? – perguntou à mãe.

– Sete é menos do que 25 – ela disse.

Ele lutou contra as lágrimas. Aceitou o acordo num tribunal. Foi algemado antes de ser levado embora.

No ônibus para a prisão, Henry maldisse o fato de estar sendo castigado injustamente. Não fez a conta das vezes em que poderia ter sido preso e não foi. Estava cheio de raiva e amargura. E jurou que a vida estava em débito com ele e que cobraria assim que saísse.

As coisas que perdemos...

AGORA ERA O VERÃO de 2003, e estávamos na cozinha. A mulher dele, Sarah, tinha cortado um melão, e o Rebbe, usando camisa branca de mangas curtas, meias vermelhas e sandálias – essas combinações não me espantavam mais –, me estendeu um prato.

– Coma um pedaço – disse ele.

Daqui a pouco.

– Não está com fome?

Daqui a pouco.

– É bom para a saúde.

Comi um pedaço.

– *Gostoooou?*

Revirei os olhos. Ele estava de palhaçada comigo. Eu nunca pensei que, três anos depois do início das visitas, eu ainda estaria ali. Quando alguém pede um discurso fúnebre, você suspeita que o fim está próximo.

Mas eu descobrira que o Rebbe era como uma árvore velha e forte; dobrava-se com as tempestades, mas não se partia. No correr dos anos, vencera a doença de Hodgkin, a pneumonia, a arritmia cardíaca e um pequeno derrame.

Atualmente, para salvaguardar seu corpo de 85 anos, engolia comprimidos diários, inclusive Dilantin, para controlar ataques, e Vasotec e Toprol, para o coração e a pressão. Fazia pouco tempo, vencera uma crise de herpes-zoster. Não muito antes desta visita tinha caído, quebrado costelas e ficado alguns dias no hospital, onde o médico implorou que ele passasse a usar uma bengala – "Para sua própria segurança", disse. Ele raramente fazia isso, pensando que a congregação poderia achá-lo fraco.

Mas sempre que eu aparecia, o Rebbe estava pronto para ir em frente. Eu me sentia feliz porque ele lutava contra a decadência do corpo. Eu não gostava de vê-lo frágil. Ele sempre fora uma figura enorme, um Homem de Deus, alto e ereto.

Egoisticamente, era assim que eu queria que ele permanecesse.

ALÉM DO MAIS, EU TINHA testemunhado a alternativa. Oito anos antes, vira um professor velho e querido, Morrie Schwartz, morrer lentamente de esclerose lateral amiotrófica. Visitava-o às terças-feiras em sua casa perto de Boston. E a cada semana, ainda que seu espírito brilhasse, o corpo decaía.

Menos de oito meses depois da primeira visita, Morrie estava morto.

Eu queria que Albert Lewis – que tinha nascido no mesmo ano que Morrie – durasse mais. Havia muitas coisas que nunca consegui perguntar ao meu velho professor. Por muitas vezes, pensei: "Se ao menos eu tivesse mais alguns minutos..."

Ficava ansioso pelos meus encontros com o Rebbe – eu sentado na grande poltrona verde, ele procurando inutilmente uma carta na mesa. Algumas vezes eu voava direto de Detroit para a Filadélfia. Mas geralmente eu chegava nas manhãs de domingo, pegando um trem de Nova York, depois de fazer um programa de TV. Chegava no horário das cerimônias na igreja, então acho que posso dizer que aquele era nosso momento sagrado de domingo, se é que isso faz sentido no caso de dois judeus falando sobre religião.

Meus amigos reagiam com curiosidade ou descrença.

– *Você vai à casa dele como se ele fosse uma pessoa normal?*

– *Não fica intimidado?*

– *Ele faz você rezar enquanto está lá?*

– *Vocês falam mesmo sobre o discurso fúnebre dele? Não é mórbido?*

Acho, olhando para trás, que não era a coisa mais normal do mundo. E, depois de um tempo, eu poderia ter parado. Certamente tinha material suficiente para uma homenagem.

Mas sentia necessidade de continuar visitando-o, de garantir que minhas palavras refletiriam quem ele era. E tudo bem. Havia mais. Ele tinha mexido em alguma coisa dentro de mim que estivera adormecida durante muito tempo.Vivia celebrando o que chamava de "nossa linda fé". Quando outras pessoas diziam esse tipo de coisa, eu me sentia incomodado, não querendo pertencer tão intimamente a qualquer grupo. Mas vê-lo tão... – qual é a expressão? –... cheio de júbilo, acho, naquela idade, era muito atraente. Talvez a fé não significasse grande coisa para mim, mas significava para ele, dava para ver como ela o deixava em paz. Eu não conhecia muitas pessoas em paz.

Por isso, continuava indo. Conversávamos. Ríamos. Líamos seus velhos sermões e discutíamos a importância deles. Descobri que podia contar praticamente qualquer coisa para o Rebbe. Ele tinha um modo de olhar nos olhos e fazer você sentir que o mundo tinha parado e que só você existia.

Talvez esse fosse o seu dom para o trabalho.

Ou talvez fosse o dom que o trabalho dava a ele.

DE QUALQUER MODO, ultimamente ele ouvia muito mais. Com a aposentadoria do cargo de rabino chefe, as reuniões e a papelada tinham diminuído. Ao contrário do que acontecia quando ele chegara, agora o templo funcionava bastante bem sozinho.

A verdade é que ele poderia ter se mudado para algum lugar mais quente – Flórida, Arizona. Mas isso não era para o Rebbe. Uma vez foi a uma convenção de aposentados em Miami e ficou perplexo ao ver o número de antigos colegas que encontrou morando lá.

– Por que vocês deixaram suas congregações? – perguntou.

Uns disseram que era doloroso não estar no púlpito, outros, que os novos clérigos não gostavam de tê-los por perto.

O Rebbe – que frequentemente dizia que o "ego" era a maior ameaça para um clérigo – não invejava o lugar que um dia ocupara. Depois da aposentadoria, deixou voluntariamente sua sala grande e mudou-se para outra, menor. E, numa manhã de sábado, saiu de sua cadeira predileta no tablado e foi ocupar um lugar perto da esposa, na última fila do santuário. A congregação ficou pasma.

Mas, tal como John Adams retornando à fazenda depois de deixar a presidência, o Rebbe simplesmente voltou a se misturar com o povo.

De um sermão do Rebbe em 1958

UMA MENININHA CHEGOU em casa com um desenho que tinha feito na sala de aula. Foi dançando até a cozinha, onde sua mãe preparava o jantar.

– Mãe, adivinha só! – gritou, balançando o desenho.

A mãe não levantou a cabeça.

– O que foi? – perguntou, cuidando das panelas.

– Adivinha só! – repetiu a menina, balançando o desenho.

– O quê? – perguntou a mãe, cuidando dos pratos.

– Mãe, você não está escutando.

– Estou, sim, querida.

– Mãe – disse a menina –, você não está escutando com os *olhos*.

A vida de Henry

SUA PRIMEIRA PARADA atrás das grades foi em Rikers Island, no East River, perto das pistas do aeroporto LaGuardia. Era dolorosamente perto de casa, a apenas alguns quilômetros, e isso só o fazia lembrar como a estupidez o havia posto no lado errado daqueles muros.

Em Rikers, Henry viu coisas que nunca desejaria ter visto. Viu presos atacando e violentando outros presos, jogando cobertores na cabeça das vítimas para que elas não pudessem ver os agressores. Um dia, um cara que tivera uma discussão com Henry entrou na sala e deu um soco na cara dele. Duas semanas depois, tentou furar Henry com um garfo.

Henry queria gritar sua inocência, mas de que adiantaria? Todo mundo se dizia inocente. Após cerca de um mês, Henry foi mandado para uma prisão de segurança máxima no norte do estado. Raramente comia. Praticamente não dormia. Fumava cigarros intermináveis. Numa noite quente, acordou suando e se levantou para buscar alguma coisa gelada. Então percebeu a porta de aço. Deixou-se cair na cama e chorou.

Naquela noite, Henry perguntou a Deus por que não tinha morrido quando era bebê. Uma luz se acendeu e bateu em seus olhos, e seu olhar pousou numa Bíblia. Ele a abriu na página em que Jó amaldiçoa o dia de seu nascimento.

Foi a primeira vez que sentiu o Senhor falando com ele.

Mas não escutou.

Junho

Comunidade

DEPOIS DE TERMINARMOS com o melão, o Rebbe e eu fomos para seu escritório, onde as caixas, os papéis, as cartas e as pastas continuavam num estado caótico. Se ele estivesse se sentindo melhor, poderíamos ter ido passear, porque ele gostava de andar pelo bairro, ainda que admitisse que ultimamente não conhecia tão bem os vizinhos.

– Quando eu morava no Bronx – disse o Rebbe –, todo mundo conhecia todo mundo. Nosso prédio era como uma família. Cuidávamos uns dos outros.

"Lembro-me de uma vez, quando era garoto, que estava com uma tremenda fome e havia um caminhão de frutas e legumes parado perto do nosso prédio. Tentei esbarrar nele, para que uma maçã caísse na minha mão. Desse jeito não pareceria roubo.

"De repente, escutei uma voz vinda de cima, gritando comigo em iídiche: '*Albert, isso é proibido!*' Dei um pulo. Achei que fosse Deus."

Quem era?, perguntei.

– Uma senhora que morava no terceiro andar.

Ri. Não era exatamente Deus.

– Não. Mas, Mitch, nós fazíamos parte da vida uns dos outros. Se alguém estivesse prestes a escorregar, outra pessoa iria segurá-lo.

– Essa é a ideia fundamental por trás de uma congregação. Nós chamamos isso de *Kehilá Kedoshá*: uma comunidade sagrada. Agora estamos perdendo isso. Os subúrbios mudaram as coisas. Todo mundo tem carro. Todo mundo tem um milhão de coisas programadas. Como se pode cuidar do vizinho? Você tem sorte se tiver uma família que se reúne para uma refeição.

Ele balançou a cabeça. Geralmente o Rebbe era um cara que acompanhava o tempo. Mas dava para ver que ele não gostava dessa forma de progresso.

AINDA ASSIM, MESMO na aposentadoria, o Rebbe tinha um modo de unir os membros de sua comunidade sagrada. Dia após dia, espiava através dos óculos um caderno de endereços rabiscados e digitava números de telefone. Seu telefone de casa, presente dos netos, tinha gigantescas teclas em preto e branco, para que ele pudesse digitar com mais facilidade.

–Alôoooo – ele começava. – Aqui é Albert Lewis. Gostaria de falar com...

Ele acompanhava as datas importantes das pessoas – um aniversário, uma aposentadoria – e ligava. Mantinha-se a par de quem estava doente – e ligava. Ouvia pacientemente as pessoas falando de suas alegrias ou preocupações.

Tinha um cuidado particular em ligar para seus fiéis mais velhos, porque, segundo ele, "isso faz com que eles se sintam parte das coisas".

Eu me perguntei se ele não estaria falando de si mesmo.

EM CONTRASTE, EU ME comunicava com uma centena de pessoas por semana, mas a maior parte da comunicação era por e-mail ou mensagens de texto. Nunca estava sem um BlackBerry. Minhas conversas podiam se resumir a algumas palavras. "Ligo amanhã". Ou "Vejo vc lá". Mantinha as coisas curtas.

O Rebbe não fazia nada curto. Não mandava e-mails.

– Como posso saber se há alguma coisa errada simplesmente lendo um e-mail? – dizia. – As pessoas podem escrever qualquer coisa. Eu quero vê-las. Se não puder, quero ouvi-las. Se não posso vê-las nem ouvi-las, como posso ajudá-las?

Suspirou.

– Claro, nos velhos tempos... – disse.

E de repente estava cantando:

– Nos velhos teeeempos... Eu ia de porta em pooorta...

LEMBRO-ME DE QUANDO, na minha infância, o Rebbe visitava alguém na nossa rua. Eu puxava a cortina e olhava pela janela, vendo seu carro estacionado na frente de nossa casa. Claro, era uma época diferente. Os médicos faziam visitas domésticas. Os leiteiros faziam entrega na porta. Ninguém tinha sistema de segurança.

O Rebbe vinha consolar uma família que estava sofrendo. Vinha se uma criança fugia ou se alguém era demitido. Você não gostaria que hoje, se perdesse o emprego, um Homem de Deus se sentasse à mesa da cozinha e o encorajasse?

Mas hoje essa ideia parece quase arcaica, se não invasiva. Ninguém quer invadir o "espaço" dos outros.

O senhor continua visitando as pessoas em casa?, perguntei.

– Só quando me pedem.

O senhor recebe chamados de pessoas que não são membros de sua congregação?

– Certamente. Na verdade, há duas semanas recebi um chamado do hospital. A pessoa disse: "Uma mulher agonizante pediu um rabino." Então, eu fui.

"Quando cheguei, vi um homem sentado numa cadeira ao lado de uma mulher que respirava com dificuldade. '*Quem é o senhor*?', perguntou ele. 'Por que está aqui?'

"'Recebi um telefonema', eu disse. 'Falaram que alguém está morrendo e pediu para me ver.'

"Ele ficou com raiva. 'Dê uma olhada nela', disse. 'Ela pode falar? Eu não o chamei. Quem chamou o senhor?'

"Eu não tinha resposta. Por isso, deixei-o falar. Depois de um tempo, quando se acalmou, ele perguntou: 'O senhor é casado?' Eu disse que sim. Ele perguntou: 'O senhor ama a sua mulher?' Respondi que sim. 'O senhor iria querer vê-la morrer?' 'Não, enquanto houver esperança de que ela viva', respondi.

"Conversamos durante uma hora. No fim, eu disse: 'O senhor se importa se eu recitar uma oração por sua esposa?' Ele falou que agradeceria por isso. Assim, eu rezei."

E depois?, perguntei.

– Depois, fui embora.

BALANCEI A CABEÇA. Ele tinha ficado uma hora falando com um estranho? Tentei me lembrar da última vez que tinha feito isso. Ou se algum dia tinha feito isso.

O senhor descobriu quem telefonou?, perguntei.

– Bom, não oficialmente. Mas, na saída, vi uma enfermeira que eu conhecia de outras visitas. Era uma cristã devota. Nossos olhos se encontraram e, mesmo sem ela ter dito nada, eu soube que tinha sido ela.

Espere aí. Uma cristã chamou um rabino?

– Ela viu um homem sofrendo. Não queria que ele ficasse sozinho.

Essa mulher tinha uma tremenda coragem.

– É – disse ele. – E um tremendo amor.

Um pouco mais de história

ALBERT LEWIS PODE TER chegado ao ponto em que uma enfermeira cristã sentia-se à vontade para pedir sua ajuda, mas enfrentar preconceitos religiosos nem sempre tinha sido tão fácil. Lembra-se de quando Moisés referiu-se a si mesmo como "um estranho numa terra estranha"? Esta expressão poderia ter sido pendurada na porta quando o Rebbe chegou a Haddon Heights, em Nova Jersey, em 1948.

Na época, o bairro era um subúrbio ferroviário, com trens correndo para o oeste até a Filadélfia e para o leste até o oceano Atlântico. Havia oito igrejas na cidade e só uma sinagoga – se é que se poderia chamá-la assim –, uma casa vitoriana de três andares reformada, com uma igreja católica na rua seguinte e uma episcopal na outra. Enquanto as igrejas tinham torres e fachadas de tijolos, o "templo" do Rebbe tinha uma varanda, uma cozinha no térreo, quartos transformados em salas de aula e velhas cadeiras de cinema instaladas para o culto. Havia uma escada sinuosa no meio.

A "congregação" original consistia em umas três dúzias de famílias, algumas das quais levavam 40 minutos de carro para chegar. Elas tinham mandado uma carta para o seminário, pedindo desesperadamente por um rabino. Se não houvesse alguém disponível, teriam de fechar o templo. Inicialmente, alguns vizinhos cristãos tinham assinado uma petição para impedir a formação da sinagoga. A ideia de uma "comunidade" judaica era estranha e ameaçadora para eles.

Quando Al aceitou o cargo, resolveu corrigir isso. Entrou para a associação de clérigos locais. Procurou entrar em contato com ministros de todas as crenças. Tentou desfazer qualquer impressão negativa ou preconceito, visitando escolas e igrejas.

Algumas visitas foram mais fáceis do que outras.

Uma vez, estava sentado numa sala de aula de uma igreja, explicando sua religião aos estudantes. Um garoto levantou a mão e perguntou:

– Onde estão os seus chifres?

O Rebbe ficou pasmo.

– Onde estão os seus chifres? Os judeus não têm chifres?

O Rebbe suspirou e convidou o garoto para vir à frente da sala. Tirou o quipá e pediu ao garoto que passasse as mãos por seu cabelo.

– Está sentindo algum chifre?

O garoto passou a mão.

– Continue procurando. Está sentindo?

Finalmente o garoto parou.

– Não – disse baixinho.

– Ah.

O garoto sentou-se.

– Bom, onde eu estava? – perguntou o Rebbe.

EM OUTRA OCASIÃO, o Rebbe convidou um pastor episcopal para falar à sua congregação. Os dois tinham ficado amigos, e o Rebbe achou que seria uma boa ideia que os clérigos fossem acolhidos nos santuários uns dos outros.

Era um culto de sexta-feira à noite. Depois de as orações

serem entoadas, o pastor foi apresentado. Ele subiu ao púlpito. A congregação ficou em silêncio.

– É um prazer estar aqui – disse o pastor – e agradeço ao rabino por ter me convidado.

De repente, lágrimas começaram a brotar em seus olhos. Ele declarou como Albert Lewis era um homem bom. Depois, disse bruscamente, num jorro de emoção:

– É por isso, por favor, que vocês devem me ajudar a fazer com que seu rabino *aceite Jesus Cristo como seu salvador.*

Silêncio mortal.

– Ele é uma pessoa adorável – lamentou o pastor – e *não quero que ele vá para o inferno...*

Mais silêncio mortal.

– Por favor, *façam com que ele aceite Jesus. Por favor...*

A maioria dos presentes jamais esqueceu aquele culto.

E HOUVE A VEZ em que um membro da congregação do Rebbe, um imigrante alemão chamado Gunther Dreyfus, veio correndo durante uma celebração dos dias santos e puxou o Rebbe de lado.

O rosto de Gunther estava totalmente branco. Sua voz tremia.

– O que houve? – perguntou o Rebbe.

Minutos antes, Gunther estivera do lado de fora, cuidando do estacionamento, quando um padre apareceu pisando forte e reclamando da quantidade de carros parados perto de sua igreja, porque era domingo e ele queria as vagas para seus fiéis.

– Tirem os carros de lá – berrou ele, segundo contou Gunther. – Vocês, judeus, tirem os carros agora!

– Mas é Yom Kippur – disse Gunther.

– Por que vocês precisam fazer isso num domingo? – gritou o padre.

– A data foi marcada há 3 mil anos – respondeu Gunther, com seu sotaque alemão de imigrante.

O padre olhou-o furioso, depois murmurou algo praticamente inacreditável.

– Não exterminaram um número suficiente de vocês.

Gunther ficou furioso. Sua mulher tinha passado três anos e meio num campo de concentração. Ele quis bater no padre. Felizmente alguém interveio, e Gunther, abalado, voltou ao santuário.

No dia seguinte, o Rebbe telefonou para o arcebispo católico que supervisionava as igrejas da área e lhe contou o que tinha acontecido. Na mesma tarde, o telefone tocou. Era o padre perguntando se poderiam conversar.

O Rebbe recebeu-o na porta da frente. Os dois sentaram-se.

– Quero pedir desculpas – disse o padre.

– Sim – respondeu o Rebbe.

– Eu não deveria ter dito o que disse.

– É, não deveria.

– Meu arcebispo fez uma sugestão – disse o padre.

– E qual é?

– Bom, como o senhor sabe, nossa escola católica está funcionando agora. E o intervalo será daqui a pouco...

O Rebbe ficou ouvindo.

Em seguida, assentiu e se levantou.

Quando as portas da escola se abriram e as crianças saíram correndo para o recreio, viram o padre da igreja católica Santa Rosa de Lima e o rabino do Templo Beth Sholom andando de braços dados pelo pátio da escola.

Algumas crianças piscaram.

Algumas ficaram olhando.

Mas todas viram.

Você poderia pensar que foi uma trégua incômoda: dois homens obrigados a andar pelo pátio de uma escola, de braços dados. Poderia achar que uma certa amargura perturbaria o relacionamento. Mas, de algum modo, com o tempo, os dois ficaram amigos. E, anos depois, o Rebbe entraria naquela igreja católica.

No enterro do padre.

– Pediram que eu ajudasse a oficiar – lembrou o Rebbe. – Recitei uma oração por ele. E penso que, àquela altura, ele não deve ter achado tão ruim.

A vida de Henry

FREQUENTEMENTE DIZIAM a Henry: "Jesus ama você." E isso devia ser verdade. Porque ele vivia recebendo segundas chances.

Enquanto estava na prisão, Henry lutou boxe suficientemente bem para ganhar uma competição de pesos pesados, e estudou suficientemente bem para ganhar um diploma de tecnólogo, mesmo jamais tendo terminado o ensino médio.

Quando saiu da prisão, arranjou um emprego no ramo de extermínio de pragas. Casou-se com sua antiga namorada, Annette, e por um curto período os dois levaram uma vida direita, normal. Annette ficou grávida. Henry desejava um filho homem.

Então, uma noite, ele chegou em casa, e ela estava encolhida de dor. Correram ao hospital. O bebê nasceu três meses antes do tempo, um menino minúsculo que mal pesava meio quilo. Deram-lhe o nome de Jerell. Os médicos avisaram que suas chances de sobrevivência eram pequenas, mas Henry segurou a criança na palma da mão e beijou os pés minúsculos.

– Meu filho – sussurrou ele. Depois, voltou-se para Deus e pediu ajuda. – Deixe-o viver. Por favor, deixe-o viver.

Cinco dias depois, o bebê morreu.

Henry e Annette enterraram o filho num cemitério em Long Island. Por um tempo, Henry se perguntou se o Senhor o tinha castigado por seus erros.

Mas logo ficou amargo. Seu trabalho deu errado. A hipoteca da casa foi executada e, quando viu que o irmão traficante de drogas tinha mais notas de 100 dólares do que ele tinha de 1 dólar, Henry deu as costas a Deus e às segundas chances e retornou ao ramo da contravenção.

Começou traficando uma pequena quantidade de drogas, depois uma maior, depois uma ainda maior. O dinheiro entrou depressa. Logo ele estava agindo como um chefão, glorificando-se, dando ordens. Comprou roupas chiques. Cuidou do cabelo. Fazia as pessoas literalmente se ajoelharem quando queriam alguma coisa. Só amaciava quando vinham mães com bebês. Elas lhe ofereciam qualquer coisa em troca de drogas: comida que tinham acabado de comprar, às vezes até o brinco minúsculo de uma menininha.

– Fique com isso – dizia ele, dando-lhes uma trouxinha. – Mas agora esse brinco me pertence. Quero vê-lo nesse neném toda vez que você vier aqui.

Num determinado ponto, em meados dos anos 1980, Henry estava ganhando dezenas de milhares de dólares por mês. Vendia drogas em festas elegantes, frequentemente a figuras "respeitáveis", como juízes, advogados, até a um policial fora de serviço. Henry ria da fraqueza deles e de seu poder temporário. Mas uma noite cometeu um erro comum e fatal: decidiu experimentar um pouco de seu próprio produto.

Esse foi o penhasco. E ele caiu.

LOGO HENRY ESTAVA viciado em seu próprio veneno e só queria se perder numa nuvem de crack. Frequentemente usava o produto que deveria vender e, então, para encobrir, inventava desculpas absurdas.

Como na vez em que pegou um cigarro e queimou o braço

em vários lugares para dizer aos seus fornecedores que fora torturado e que as drogas tinham sido roubadas.

Ou na vez que mandou um amigo atirar em sua perna com uma pistola de baixo calibre para dizer aos traficantes que tinha sido roubado. Mesmo assim eles foram ao hospital, exigindo ver o ferimento.

Numa noite ruim, já chapado e precisando de mais dinheiro, ele e alguns outros, inclusive um sobrinho e um cunhado, foram num Cadillac cupê até Canarsie, no Brooklyn. Seu método de assaltos consistia em parar o carro junto de um alvo indefeso, saltar rápido, exigir dinheiro e partir.

Dessa vez, era um casal idoso. Henry saiu do carro e brandiu uma arma na cara deles.

– Vocês sabem o que é isso! – berrou.

A velha gritou.

– Cala a boca ou eu estouro a sua cabeça – ele gritou de volta.

O casal entregou o dinheiro, as joias e os relógios. Mas Henry ficou inquieto ao olhar os rostos idosos. Uma pontada de culpa o atingiu. Mas não o fez parar. Logo o Cadillac estava disparando pela Flatland Avenue.

E então soou uma sirene. Luzes piscaram. Henry gritou para o sobrinho continuar dirigindo. Baixou a janela e jogou tudo fora. As joias. O dinheiro. Até as armas.

Instantes depois, a polícia os alcançou.

Na delegacia, Henry foi posto numa fila de reconhecimento. Esperou. Então, os policiais trouxeram o velho.

E Henry soube que estava ferrado.

Assim que o homem o identificasse, Henry seria acusado, condenado e enfrentaria 15 anos na cadeia. A vida, como ele a conhecia, estaria acabada. Por que arriscara tanto? Tinha literalmente jogado tudo pela janela.

– É ele? – perguntou o policial.

Henry engoliu em seco.

– Não tenho certeza – murmurou o velho.

O quê?

– Olhe de novo – disse o policial.

– Não tenho certeza – respondeu o velho.

Henry não conseguia acreditar nos próprios ouvidos. Como era possível? Ele havia posto uma arma *bem na cara do sujeito.*

Mas como a identificação não foi conclusiva, deixaram Henry ir embora. Foi para casa. Ficou na moita. Disse a si mesmo que era o Senhor quem tinha feito aquilo. O Senhor estava sendo misericordioso. O Senhor estava lhe dando outra chance. E o Senhor não queria que ele roubasse mais, que usasse mais drogas, nem que aterrorizasse mais as pessoas.

E talvez fosse verdade.

Mas, mesmo assim, ele não escutou.

É 1974...

... e estou cursando o ensino médio na minha escola religiosa. O assunto é a divisão do mar Vermelho. Bocejo. O que mais há para aprender sobre isso? Já escutei um milhão de vezes. Olho para uma garota de quem gosto, do outro lado da sala, e penso em como será difícil atrair a atenção dela.

– Há um comentário talmúdico aqui – diz o professor.

Ah, fantástico, *penso. Isso significa tradução, que é lenta e dolorosa. Mas, à medida que a história se desdobra, começo a prestar atenção.*

Depois que os israelitas atravessaram em segurança o mar Vermelho, os egípcios os perseguiram e se afogaram. Os anjos de Deus queriam comemorar a morte do inimigo.

Segundo o comentário, Deus viu a festa e ficou com raiva. Disse essencialmente isto: "Parem de comemorar. Porque eles também eram meus filhos."

Eles também eram meus filhos.

– O que acham disso? – pergunta o professor.

Alguém responde. Mas sei o que eu acho. Acho que é a primeira vez que ouço dizer que Deus pode amar o "inimigo" tanto quanto nos ama.

Anos depois, esquecerei a aula, esquecerei o nome do professor, esquecerei a garota do outro lado da sala. Mas vou me lembrar dessa história.

JULHO

A maior pergunta de todas

ENSINARAM-ME QUE em qualquer conversa há pelo menos três partes: você, a outra pessoa e o Senhor.

Lembrei-me dessa lição num dia de verão no pequeno escritório, quando o Rebbe e eu usávamos bermudas. O suor grudava a minha perna nua no couro da cadeira, e eu a desgrudei com um pequeno *tlec.*

O Rebbe estava procurando uma carta. Levantou um bloco, depois um envelope, depois um jornal. Eu sabia que ele jamais a encontraria. Acho que, àquela altura, a bagunça em sua sala era quase um modo de vida, um jogo que mantinha o mundo interessante. Enquanto esperava, olhei a pasta na prateleira de baixo, onde estava escrito "Deus". Ainda não a tínhamos aberto.

– Arr – disse ele, desistindo.

Posso perguntar uma coisa?

– Pergunte, jovem estudioso – respondeu ele.

Como o senhor sabe que Deus existe?

Ele parou. Um sorriso esgueirou-se em seu rosto.

– Excelente pergunta. – Ele apertou o queixo com os dedos.

E a resposta?, eu perguntei.

– Primeiro, apresente os argumentos contra Ele.

Certo, eu disse, aceitando o desafio. Que tal isto? Nós vivemos num mundo onde nossos genes podem ser mapeados, onde nossas células podem ser copiadas, onde nosso rosto pode ser alterado. Ora, com cirurgia alguém pode se transformar de homem em mulher. Temos uma ciência que descreve a criação da Terra; naves-sondas exploram o Universo; o Sol não é mais um mistério. E a Lua, que as pessoas costumavam adorar? Nós trouxemos um pouco dela para casa numa bolsa, certo?

– Continue – disse ele.

Então, por que, num lugar assim, onde os antigos mistérios foram solucionados, alguém ainda acredita em Deus, Jesus, Alá ou num Ser Supremo de algum tipo? Nós não superamos isso? Não é como a história de Pinóquio? Quando ele descobriu que podia se mover sem as cordinhas, continuou olhando do mesmo modo para Gepeto?

O Rebbe bateu os dedos uns nos outros, as palmas unidas.

– Tremendo discurso.

O senhor disse para apresentar meus argumentos.

– Ah.

Ele se inclinou para a frente.

– Agora. A minha vez. Olha, se você disser que a ciência acabará provando que Deus não existe, devo discordar. Não importa o grau de minúcias a que as pesquisas cheguem buscando nossa origem, a um girino ou um átomo. No fim sempre há algo que não podem explicar, algo que criou tudo.

"E não importa até onde eles tentem ir para o outro lado: estender a vida, brincar com os genes, clonar isso, clonar aquilo, viver até 150 anos. Em algum ponto, a vida acaba. E então o que acontece? Quando a vida acaba?"

Dei de ombros.

– Está vendo?

Ele se recostou. Sorriu.

– Quando você chega ao fim, é lá que Deus começa.

MUITAS GRANDES MENTES tentaram provar que Deus não existe. Às vezes elas recuam para a visão oposta. C. S. Lewis, que escreveu com tanta eloquência sobre a fé, lutou inicialmente contra o próprio conceito de Deus e chamou a si mesmo de "o mais desalentado e relutante convertido de toda a Inglaterra". Louis Pasteur, o grande cientista, tentou negar a existência divina através de fatos e pesquisa; no fim, o grande projeto do homem o convenceu do contrário.

Muitos livros recentes declararam que Deus é uma ideia de idiotas, algo ligado à feitiçaria, uma panaceia para mentes fracas. Eu achava que o Rebbe consideraria isso ofensivo, o que jamais aconteceu. Ele entendia que a jornada para a crença não é reta, nem fácil, e nem sempre lógica. Respeitava uma discussão educada, mesmo que não concordasse com os argumentos expostos.

Pessoalmente, sempre me questionei em relação a autores e celebridades que declaravam em voz alta que Deus não existia. Essas declarações em geral eram feitas quando eles estavam saudáveis, populares e sendo ouvidos por multidões. O que acontece, pensava eu, nos instantes de silêncio antes da morte? Nesse momento, eles perderam o palco, e o mundo seguiu em frente. Quem sabe se nos estertores de seus últimos segundos, o medo, uma visão, uma última iluminação, os fez mudar de ideia em relação a Deus?

O REBBE FOI CRENTE desde o início, isso era claro, mas eu também sabia que ele não era louco por determinadas coisas que Deus permitia nesta Terra. Ele tinha perdido uma filha, muitos anos antes. Isso abalara seu mundo. E ele chorava sempre depois de visitar membros da congregação que tinham sido robustos e agora estavam deitados, impotentes, em camas de hospital.

– Por que tanta dor? – dizia, olhando para o céu. – Leve-os logo. Qual é o sentido?

Uma vez fiz ao Rebbe a pergunta mais comum sobre a fé: por que acontecem coisas ruins com pessoas boas? Ela já fora respondida milhares de vezes, de modos incontáveis – em livros, em sermões, em sites da internet, em abraços lacrimosos. *O Senhor a queria com ele... Ele morreu fazendo o que amava... Ela foi um presente... Isso é um teste...*

Lembro-me de um amigo da família cujo filho teve um terrível problema de saúde. Depois disso, em qualquer cerimônia religiosa – até num casamento –, eu via o sujeito no corredor, recusando-se a participar do culto.

– Simplesmente não consigo mais ouvir isso – ele dizia. Sua fé se perdera.

Quando perguntei ao Rebbe por que acontecem coisas ruins com pessoas boas, ele não deu nenhuma das respostas-padrão.

– Ninguém sabe – disse baixinho.

Fiquei admirado. Mas, quando perguntei se isso abalava sua crença em Deus, ele foi firme.

– Não posso hesitar – disse.

Bom, você poderia, se não acreditasse em algo todo-poderoso.

– Se fosse ateu – disse ele.

É.

– E então eu poderia explicar por que minhas orações não eram atendidas.

Certo.

Ele me observou atentamente. Respirou fundo.

– Uma vez tive um médico que era ateu. Já falei sobre ele?

Não.

– Esse médico gostava de me provocar e de alfinetar as minhas crenças. Costumava marcar as consultas deliberadamente aos sábados, para eu ter de ligar para a recepcionista e explicar por que, devido à minha religião, não seria possível ir.

Sujeito legal, eu disse.

– De qualquer modo, um dia li no jornal que o irmão dele tinha morrido. Então telefonei para dar os pêsames.

Apesar do modo como ele o tratava?

– No meu trabalho – disse o Rebbe – não existe retaliação.

Ri.

– Quando ele me recebeu, percebi que estava abalado. Falei que lamentava sua perda. E ele disse, com raiva no rosto: "Invejo você."

"Por que me inveja? – perguntei.

"'Porque, quando você perde alguém que ama, pode xingar Deus. Pode gritar. Pode culpá-lo. Pode exigir saber o motivo. Mas eu não acredito em Deus. Sou um *médico*! E não pude ajudar meu irmão.'

"Ele estava à beira das lágrimas. 'Quem eu vou culpar?', ficava me perguntando. Não existe Deus. Só posso culpar a mim mesmo.'"

O rosto do Rebbe ficou tenso, como se sentisse dor.

– Essa é uma autocondenação terrível – disse baixinho.

Pior do que uma oração não atendida?

– Ah, sim. É muito mais reconfortante pensar que Deus ouviu e negou do que achar que não existe ninguém lá.

A vida de Henry

AGORA ELE ESTAVA se aproximando dos 30 anos, era criminoso, viciado, e mentira para o Senhor. Tinha uma mulher. Isso não o fazia parar. Tinha uma filha. Isso não o fazia parar. Seu dinheiro acabara, suas roupas elegantes se foram, seu cabelo estava descuidado e áspero. Isso não fazia Henry parar.

Numa noite de sábado, ele queria tão desesperadamente se drogar que foi com dois homens até Jamaica, no Queens, procurar as únicas pessoas que poderiam ter dinheiro e mercadoria: os traficantes para quem tinha trabalhado.

Bateu à porta. Eles atenderam.

Henry sacou uma arma.

– O que você está fazendo? – perguntaram, incrédulos.

– Vocês sabem o que é isso.

A arma nem tinha bala. Por sorte, os traficantes não sabiam. Henry brandiu-a e rosnou:

– Vamos logo. – E eles lhe deram dinheiro, joias e drogas.

Ele foi embora com os amigos, entregou-lhes os objetos de valor, mas ficou com o veneno. Era só isso que seu corpo queria. Era só nisso que conseguia pensar.

Mais tarde, naquela noite, depois de ter fumado, cheirado e bebido, bateu a paranoia e Henry percebeu o erro idiota que tinha cometido. As vítimas sabiam quem ele era e onde morava. E iriam querer vingança.

Foi então que Henry pegou aquela espingarda, foi para a

frente da casa e se escondeu atrás de uma fileira de latas de lixo. Sua mulher estava confusa e apavorada.

– O que está acontecendo? – perguntou chorando.

– Apague as luzes! – ele gritou.

Viu a filha olhando da porta.

– Fique lá dentro!

Esperou. Tremeu. Algo lhe dizia que, apesar de todas as encrencas das quais tinha escapado, aquela seria a noite em que a coisa iria pegá-lo. Um carro viria pelo quarteirão, e ele morreria sob uma saraivada de balas.

E assim, uma última vez, ele se virou para Deus.

– O Senhor me salvaria, Jesus? – sussurrou. – Se eu prometer me entregar ao Senhor, me salvaria esta noite?

Ele estava chorando. Estava com a respiração pesada. Se, com todo o mal que tinha, ainda podia rezar, aquilo era o mais perto que chegaria da oração verdadeira.

– Jesus, por favor...

Ele fora uma criança perturbada.

Um delinquente juvenil.

Um homem mau.

Será que ainda poderia ser uma alma salva?

O único tirano que aceito neste mundo
é a calma voz interior.

MOHANDAS GHANDI

Agosto

Por que a guerra?

O verão passou depressa. A guerra no Iraque dominava as manchetes. Peguei-me telefonando para o Rebbe entre as visitas. Sua voz estava sempre animada.

– É ligação de Detroit? – ele começava.

Ou:

– Serviço de atendimento rabino, em que posso ajudar?

Eu ficava com vergonha ao pensar no modo como algumas vezes eu atendia o telefone (um "Alô?" apressado, como se fosse uma pergunta que eu não queria fazer). Acho que nunca ouvi o Rebbe dizer "Ligo para você mais tarde". Eu me maravilhava ao ver como um homem supostamente disponível para tantas pessoas podia, de alguma forma, estar disponível para cada uma delas.

Numa visita no fim de agosto, a esposa do Rebbe, Sarah, uma mulher gentil e animada que estava casada com ele havia 60 anos, atendeu à porta e me levou até a sala. O Rebbe já estava sentado, usando camisa de mangas compridas, apesar do calor do verão. Seu cabelo branco estava bem penteado, mas notei que ele não se levantou. Simplesmente estendeu os braços para me abraçar.

O senhor está bem?, perguntei.

Ele lançou as mãos em direções opostas.

– Deixe-me colocar do seguinte modo. Não estou tão bom quanto estava ontem, maaaas... Estou melhor do que vou estar amaaaanhã...

O senhor sempre cantando, eu disse.

– Ah – ele riu. – Eu canto e você se encanta...

Sentei-me.

UM JORNAL ESTAVA aberto em sua mesa. O Rebbe se mantinha a par das notícias o máximo que podia. Quando perguntei quanto tempo ele achava que a guerra do Iraque iria durar, deu de ombros.

O senhor passou por um monte de guerras, eu disse.

– É.

Alguma vez elas fizeram sentido?

– Não.

Esta, nós concordamos, era particularmente perturbadora. Atentados suicidas. Explosivos escondidos. Não é como as guerras antigas, disse eu, com tanques vindo de um lado e do outro.

– Mas, Mitch, mesmo nesta nova era de horror – observou o Rebbe – é possível presenciar pequenos atos de gentileza. Uma coisa que eu vi há alguns anos, numa ida a Israel para visitar minha filha, permanece comigo até hoje.

“Eu estava sentado na varanda de um prédio. Ouvi um estrondo. Virei-me e vi fumaça saindo de uma área comercial. Foi um daqueles terríveis... hum... como se chama mesmo...

Atentados? Carros-bombas?

– Isso. Desci do apartamento o mais rápido que pude. Um rapaz de colete amarelo saltou de um carro, e eu o segui. Quando cheguei ao local, vi o carro que explodira. Aparentemente, uma mulher estava passando por perto; ela foi uma das pessoas mortas.

"E ali, na rua... – Ele engoliu em seco. – Ali... na rua... havia pessoas pegando os pedaços do corpo dela. Recolhendo qualquer coisa. Uma das mãos. Um dedo."

Ele baixou os olhos.

– Eles estavam usando luvas e se movendo muito diligentemente, um pedaço de perna aqui, pele ali, até o sangue. Sabe por quê? Estavam seguindo a lei religiosa que diz que todas as partes do corpo devem ser enterradas juntas. Estavam colocando a vida acima da morte, mesmo diante dessa... atrocidade... porque a vida é o que Deus nos dá, e como você pode deixar que um pedaço do presente de Deus fique ali, caído na rua?

Eu tinha ouvido falar desse grupo, chamado Zaka, voluntários usando coletes amarelos querendo garantir que os mortos sejam tratados com dignidade. Às vezes chegam aos lugares de atentado mais rápido do que os paramédicos.

– Chorei quando vi aquilo – disse o Rebbe. – Simplesmente chorei. A gentileza que isso exige. A crença. Pegar os pedaços dos seus mortos. É isso que nós somos. Essa linda fé.

Ficamos sentados em silêncio por um minuto.

Por que o homem mata o homem?, perguntei finalmente.

Ele encostou as pontas dos dedos nos lábios. Depois afastou a cadeira e se virou lentamente para uma pilha de livros.

– Deixe-me encontrar uma coisa aqui...

ALBERT LEWIS NASCEU durante a Primeira Guerra Mundial. Foi seminarista durante a Segunda Guerra Mundial. Sua congregação tinha um bocado de veteranos e sobreviventes do Holocausto, alguns ainda com números tatuados nos pulsos.

Com o passar dos anos, ele viu jovens da congregação partirem para a Guerra da Coreia e do Vietnã. Seu genro e netos serviram no Exército israelense. De modo que a guerra nunca esteve longe da sua mente. Nem as consequências dela.

Uma vez, numa viagem a Israel depois da guerra de 1967, ele foi com um grupo até uma área na fronteira norte e se pegou andando em meio a algumas construções abandonadas. Ali, nas ruínas de uma casa, descobriu no chão um livro didático árabe. Estava virado para baixo, sem uma das capas.

Levou-o para casa.

Agora, segurava-o no colo. Era isso que tinha ido procurar. Um livro didático com cerca de 40 anos.

– Pegue. – Ele o entregou a mim. – Dê uma olhada.

O livro estava frágil. A capa havia ressecado. Na última página, já rasgada e meio enrolada, havia um desenho, tipo caricatura, de uma menina, um gato e um coelho, feito com lápis de cor. O livro, todo em árabe, era obviamente para crianças pequenas, e eu não entendia uma só palavra.

Por que o senhor guardou isto?, perguntei.

– Porque eu queria me lembrar do que tinha acontecido ali. As construções estavam vazias. O povo tinha ido embora.

"Eu senti que precisava salvar alguma coisa."

A MAIORIA DAS RELIGIÕES alerta contra a guerra. No entanto, mais guerras foram travadas por causa de religião do que, talvez, por qualquer outro motivo. Cristãos mataram judeus, judeus mataram muçulmanos, muçulmanos mataram hindus, hindus mataram budistas, católicos mataram protestantes, ortodoxos mataram pagãos, e seria possível percorrer essa lista de trás para a frente e de um lado para o outro, e ainda seria verdade. A guerra nunca para, só faz pausas.

Perguntei ao Rebbe se, no correr dos anos, ele tinha mudado sua visão sobre a guerra e a violência.

–Você se lembra de Sodoma e Gomorra? – ele perguntou.

Sim. Disso eu lembrava.

– Então sabe que Abraão percebeu que aquelas pessoas eram más. Miseráveis, malignas. Mas o que ele fez? Argumentou com Deus, pedindo para poupar as cidades da destruição. Disse: "O senhor pode poupá-las se houver 50 pessoas boas lá?" Deus respondeu que sim. Mas não havia. Então ele baixou para 40, depois, 30. Sabia que não existiam tantas assim. Barganhou até 10, antes de fechar o acordo.

E elas ainda não eram em número suficiente, eu disse.

– E elas ainda não eram em número suficiente – confirmou o Rebbe. – Mas você vê? O instinto de Abraão era correto. Primeiro, você tem de argumetar *contra* a guerra, contra a violência e a destruição, porque esses não são modos normais de viver.

Mas muitas pessoas travam guerras em nome de Deus.

– Mitch. Deus não quer que essa matança continue.

Então, por que não parou?

Ele levantou as sobrancelhas.

– Porque o homem continua.

ELE ESTAVA CERTO, CLARO. É possível sentir os toques de tambores do homem indo para a guerra. A vingança se levanta. Zomba-se da tolerância. Com o passar dos anos, ensinaram-me que o nosso lado estava certo. E me deram as razões. Enquanto isso, em outro país, alguém da minha idade aprendia o oposto.

– Há um motivo para eu lhe dar este livro – disse o Rebbe.

Qual é o motivo?

– Abra-o.

Abri.

– Mais.

Folheei as páginas, e caíram três pequenas fotos em preto e branco, desbotadas e sujas de terra.

Uma era de uma mulher idosa de cabelos escuros, de aparência árabe e matronal. A outra era de um árabe mais jovem, de terno e gravata. A última era de duas crianças, lado a lado, presumivelmente irmão e irmã.

Quem são? perguntei.

– Não sei – respondeu ele baixinho.

Ele estendeu a mão e eu lhe dei a foto das crianças.

– Nesses anos todos, continuei a olhar para as crianças, a mãe, o filho dela. Por isso, nunca joguei o livro fora. Sentia que, de algum modo, precisava mantê-los vivos.

"Achei que um dia alguém veria as fotos, diria que conhecia a família e as devolveria aos sobreviventes. Mas meu tempo está acabando."

Ele me devolveu a foto.

Espere, disse eu. Não entendo. Segundo seu ponto de vista religioso, essas pessoas eram o inimigo.

Sua voz ficou raivosa.

– Inimigo porcaria nenhuma. Isso era uma *família*.

De um sermão do Rebbe em 1975

UM HOMEM PROCURA trabalho numa fazenda. Entrega sua carta de recomendação ao novo patrão. Ela diz simplesmente: "Este homem dorme durante tempestades."

O dono está precisando desesperadamente de ajudantes, por isso contrata o sujeito.

Passam-se várias semanas e, de repente, no meio da noite, uma tempestade violenta cai sobre o vale.

Acordado pelos redemoinhos de chuva e pelo vento uivante, o dono salta da cama. Chama seu novo empregado, mas o sujeito está dormindo a sono solto.

Então o dono se precipita para o celeiro. Para sua perplexidade, constata que os animais estão seguros e com comida suficiente.

Corre para o campo.Vê que os fardos de feno foram arrumados e estão enrolados em lonas.

Corre até o silo. As portas estão trancadas e o grão está seco.

E então entende. "Ele dorme durante tempestades."

Amigos, se cuidarmos das coisas importantes da vida, se formos corretos com aqueles que amamos e nos comportarmos bem com nossas famílias, nossa vida não será amaldiçoada com a dor lancinante das questões não resolvidas. Nossas palavras sempre serão sinceras, nossos abraços serão apertados. Nunca chafurdaremos na agonia do "Se eu tivesse agido assim...". Poderemos dormir durante a tempestade.

E quando for a hora, nosso adeus será completo.

A vida de Henry

HENRY COVINGTON não dormiu naquela noite.

Mas também não morreu.

De algum modo, os traficantes que ele roubara nunca o encontraram; os carros que passaram por sua rua não dispararam uma bala sequer. Ele se escondeu atrás das latas de lixo, apertando a espingarda e recitando a pergunta repetidamente:

"O Senhor me salvaria, Jesus?"

Estava seguindo a triste tradição do homem de correr para Deus quando todo o resto falha. Tinha feito isso antes, voltado o rosto para o céu e retornado a novos problemas assim que o da vez passava.

Mas, naquele dia, quando o sol nasceu, Henry Covington enfiou a espingarda debaixo da cama e se deitou ao lado da mulher e da filha.

Era domingo de Páscoa.

Henry pensou na sua vida. Tinha roubado, mentido e apontado armas para a cabeça das pessoas. Havia desperdiçado todo o seu dinheiro com drogas. Descera tão baixo que, em determinado momento, tinha uma pedrinha de crack, mas nada em que fumá-la, e por isso revirou as ruas até achar uma guimba de cigarro. Qualquer um poderia ter pisado naquela guimba. Um cachorro poderia ter urinado nela. Não importava. Colocou-a na boca. Precisava ter aquilo de que precisava.

Agora, na manhã de Páscoa, de repente precisava de outra

coisa. Era difícil explicar. Nem mesmo sua mulher entendia. Um conhecido apareceu com heroína. Os olhos de Henry a desejaram. Seu corpo ansiou por ela. Mas, se a aceitasse, ela iria matá-lo. Sabia disso. Tinha certeza. Tinha prometido a vida a Deus na escuridão, atrás daquelas latas de lixo. Horas depois, ali estava seu primeiro teste.

Mandou o homem embora.

Então entrou no banheiro, ajoelhou-se e começou a rezar. Quando terminou, engoliu um frasco inteiro de um remédio para resfriado.

No dia seguinte, tomou outro.

E, no dia seguinte, outro – tudo numa tentativa de ficar entorpecido através de uma desintoxicação autoimposta. Três dias se passaram antes que ele conseguisse colocar um pouco de comida na boca. Três dias se passaram antes que pudesse ao menos se levantar da cama.

Três dias.

E, então, abriu os olhos.

SETEMBRO

Felicidade

O REBBE ABRIU os olhos.

Estava no hospital.

Não era a primeira vez. Ainda que frequentemente escondesse de mim seus problemas de saúde, eu sabia que, nos últimos meses, até ficar de pé se tornara um problema. Ele tinha escorregado na calçada e feito um talho na testa. Escorregara dentro de casa e batera com o pescoço e o rosto. Agora tinha caído ao se levantar da cadeira e acertado a costela numa mesa. Síncopes, perdas temporárias de consciência ou pequenos derrames passageiros o deixavam tonto e desorientado.

De qualquer modo, a coisa não era boa.

Agora, eu esperava o pior. Um hospital. O portal para o fim. Quando telefonei perguntando se poderia fazer uma visita, Sarah disse gentilmente que eu podia ir.

Na entrada, me preparei. Sou assombrado pelas visitas hospitalares, com todo o seu clima depressivo. O cheiro de antisséptico. O som baixo dos aparelhos de TV. As cortinas fechadas. O gemido ocasional vindo de outra cama. Eu tinha estado em muitos hospitais para visitar muita gente.

Nosso trato me voltou à cabeça.

Você faria meu discurso fúnebre?

Entrei no quarto do Rebbe.

– Ah. – Ele sorriu, olhando da cama. – Um visitante que vem de longe...

Parei de pensar no caso.

~ NÓS NOS ABRAÇAMOS – ou, melhor dizendo, eu abracei seus ombros e ele tocou na minha cabeça – e os dois concordamos que aquela era uma primeira vez: uma conversa no hospital. Sua camisola se abriu ligeiramente, e eu vislumbrei o peito nu, a carne macia e frouxa com alguns pelos prateados. Senti uma onda de vergonha me invadir e desviei o olhar.

Uma enfermeira entrou lepidamente.

– Como está hoje? – ela perguntou.

– Estou innnndo – cantarolou o Rebbe. – Estou innnndo...

Ela riu.

– Esse aí canta o tempo todo.

Canta mesmo, concordei.

Eu ficava pasmo ao ver a facilidade com que o Rebbe conseguia exibir seu bom humor. Cantar para as enfermeiras. Brincar com os médicos. No dia anterior, enquanto esperava numa cadeira de rodas no corredor, um funcionário do hospital pediu uma bênção. O Rebbe pôs as mãos na cabeça do sujeito e o abençoou.

Ele se recusava a se entregar à autocomiseração. Na verdade, quanto piores ficavam as coisas, mais ele parecia decidido a não deixar que as pessoas ao redor se entristecessem com isso.

Enquanto estávamos sentados no quarto, o comercial de um antidepressivo surgiu na tela de TV. Mostrava pessoas que pareciam abandonadas, sozinhas num banco ou olhando pela janela.

– *Vivo sentindo que vai acontecer alguma desgraça...* – disse a voz da TV.

Então, depois de a tela mostrar o comprimido e alguns gráficos, aquelas mesmas pessoas surgiram de novo, parecendo mais felizes.

O Rebbe e eu ficamos olhando em silêncio. Quando o anúncio terminou, ele perguntou:

– Acha que esses comprimidos funcionam?

Desse jeito, não, respondi.

– É – ele concordou. – Desse jeito, não.

FELICIDADE NUM COMPRIMIDO. Este é o nosso mundo. Prozac. Paxil. Xanax. Bilhões são gastos para anunciar essas drogas. E mais bilhões são gastos para comprá-las. Você nem precisa ter um trauma específico. Basta ser "depressão geral" ou "ansiedade", como se a tristeza fosse tão passível de tratamento quanto um resfriado comum.

Eu sabia que a depressão é real e que em muitos casos exige tratamento médico. Também sabia que a palavra é usada exageradamente. Boa parte do que chamamos de "depressão" é, na verdade, insatisfação, consequência das altas expectativas não alcançadas ou dos tesouros que a pessoa não se dispõe a conquistar. Eu conhecia pessoas cuja fonte de sofrimento insuportável era o excesso de peso, a careca, a promoção não ganha no trabalho ou a incapacidade de encontrar o parceiro perfeito, embora elas mesmas não fossem o companheiro ideal. Para essas pessoas, a infelicidade era uma condição intolerável. Se comprimidos podiam ajudar, elas os tomavam.

Mas os comprimidos não mudam o problema fundamental. Desejar o que não se pode ter. Procurar o próprio valor no espelho. Acumular trabalho em cima de trabalho e continuar tentando descobrir o motivo da insatisfação – antes de trabalhar um pouco mais.

Eu sabia. Tinha feito tudo isso. Houve um tempo em que eu quase eliminei o sono para poder trabalhar mais horas por dia. Empilhava realizações. Acumulava dinheiro. Recebia elogios. E, quanto mais tempo passava assim, mais vazio me sentia, como se bombeasse ar cada vez mais rápido num pneu furado.

O tempo que passei com Morrie, meu velho professor, tinha feito com que eu pisasse no freio com relação a uma boa parte disso. Depois de vê-lo morrer e de ver o que realmente importava para ele, reduzi. Limitei minha programação.

Mas mantive o controle da minha vida. Não entreguei as coisas ao destino ou à fé. Sentia repulsa pelas pessoas que colocavam suas questões cotidianas nas mãos divinas, dizendo: "Se Deus quiser, vai acontecer." Ficava quieto quando alguém afirmava que tudo que importava era seu relacionamento pessoal com Jesus. Essa entrega me parecia idiota. Eu sentia que sabia das coisas. Mas, lá no fundo, tinha consciência de que não me sentia mais feliz do que elas.

Assim, percebi por que, apesar de todos os miligramas de medicação de que precisava, o Rebbe jamais tomava um comprimido para a paz de espírito. Ele adorava sorrir. Evitava a raiva. Nunca era assombrado por perguntas do tipo "Por que estou aqui?". Ele sabia o motivo, e dizia qual era: para se dar aos outros, para celebrar a Deus e para desfrutar e honrar o mundo em que foi colocado. Suas orações matinais começavam com "Obrigado, Senhor, por me devolver minha alma".

Quando se começa assim, o resto do dia é bônus.

POSSO PERGUNTAR uma coisa?

– Pode – ele respondeu.

O que torna uma pessoa feliz?

– Bom... – Ele revirou os olhos, espiando o quarto de hospital ao redor. – Este talvez não seja o melhor cenário para esta pergunta.

É, está certo.

– Por outro lado... – Ele respirou fundo. – Por outro lado, aqui, neste prédio, devemos encarar a verdade. Algumas pessoas vão melhorar. Outras, não. Assim, talvez seja um bom lugar para definir o que significa essa palavra.

Felicidade?

– Isso mesmo. As coisas que a sociedade diz que precisamos ter para sermos felizes: um novo isso ou aquilo, uma casa maior, um emprego melhor. Conheço a falsidade disso. Aconselhei muitas pessoas que têm todas essas coisas, e posso dizer que elas não são felizes por causa delas.

"O número de casamentos que foram desfeitos quando as pessoas possuíam todas as coisas do mundo. As famílias que brigavam e discutiam o tempo todo, mesmo tendo dinheiro e saúde. Ter mais não impede de querer mais. E sempre se quer mais – ser mais rico, mais bonito, mais conhecido. Quando isso acontece, a pessoa perde a perspectiva e, posso lhe dizer por experiência própria, a felicidade nunca vem."

O senhor não vai me aconselhar a parar e cheirar as rosas, vai?

Ele deu um risinho.

– O cheiro das rosas é melhor do que o deste lugar.

De repente, no corredor, ouvi uma criança pequena gritar, seguido por um rápido "shhh!", presumivelmente da mãe. O Rebbe também escutou.

– Bom, essa criança me lembra de uma coisa que nossos sábios ensinaram – disse ele. – Quando um bebê vem ao mundo, suas mãos estão fechadas, certo? Assim?

Ele cerrou o punho.

– Por quê? Porque, como não sabe das coisas, o bebê quer pegar tudo e dizer: "O mundo inteiro é meu."

"Mas como uma pessoa velha morre? Com as mãos abertas. Por quê? Porque aprendeu a lição."

Que lição?, perguntei.

Ele esticou os dedos vazios.

– Não podemos levar nada conosco.

POR UM MOMENTO, os dois olhamos para sua mão. Ela estava tremendo.

– Arrr, viu isso? – ele perguntou.

Vi.

– Não consigo fazer com que pare.

Ele pousou a mão sobre o peito. Ouvi um carrinho sendo empurrado pelo corredor. O Rebbe falava com tanta sabedoria, com tanta paixão, que por um momento me esqueci de onde estávamos.

– Pois é – disse ele, e sua voz ficou no ar.

Eu odiava vê-lo naquela cama. Queria que ele estivesse em casa, com a mesa bagunçada e as roupas que não combinavam. Forcei um sorriso.

E então, resolvemos o problema da felicidade?

– Acho que sim – disse ele.

Vai me contar?

– Vou. Está preparado?

Estou preparado.

– Estar satisfeito.

Só isso?

– Estar agradecido.

Só isso?

– Por tudo o que você tem. Pelo amor que recebe. E pelo que Deus lhe deu.

Só isso?

Ele me olhou nos olhos. Depois deu um suspiro profundo.

– Só isso.

O fim do verão

QUANDO SAÍ DO HOSPITAL naquele dia, recebi um telefonema da filha mais nova do Rebbe, Gilah. Ela era mais ou menos da minha idade; eu a conhecera na época da escola, e nos falávamos de vez em quando. Gilah era divertida, calorosa, cheia de opiniões, e amava profundamente o pai.

– Então, ele lhe contou? – perguntou, abatida.

O quê?

– O tumor.

O quê?

– No pulmão dele.

Câncer?

– Ele não disse nada?

Olhei para o telefone.

Ele não tinha dito uma só palavra.

PRIMAVERA

VERÃO

OUTONO

INVERNO

Igreja

No CENTRO DE DETROIT há uma igreja na Trumbull Avenue, em frente a um campo vazio. É uma gigantesca estrutura gótica de tijolos vermelhos e calcário que parece ter surgido ali vinda diretamente de outro século. Pináculos pontudos. Portas em arco. Em um dos vitrais o apóstolo Paulo pergunta: "O que devo fazer para ser salvo?"

O prédio data de 1881, quando o bairro era cheio de mansões e de presbiterianos ricos. Eles construíram a igreja para abrigar 1.200 fiéis, a maior congregação do Meio-Oeste. Agora, tanto as mansões quanto os presbiterianos se foram e, no bairro pobre e estéril, a igreja parece esquecida. As paredes estão ruindo. O telhado está desmoronando. Com o passar dos anos, alguns vitrais foram roubados, e algumas janelas, fechadas com tábuas.

Eu passava de carro por essa igreja a caminho do Tiger Stadium, um famoso estádio de beisebol que ficava a 800 metros dela. Nunca entrei. Nunca vi ninguém entrar.

Pelo que sabia, tratava-se de um lugar abandonado.

Eu estava prestes a descobrir.

NOS MESES QUE se seguiram ao dia em que o Rebbe me surpreendeu com as palavras "inimigo porcaria nenhuma", fui obrigado a repensar alguns dos meus preconceitos. A verdade era que eu, ao mesmo tempo que tentava ser um homem caridoso, ainda traçava mentalmente linhas divisórias entre o "meu" lado e o "outro" lado – fosse ele cultural, étnico ou religioso. Tinham me ensinado, como acontece com muitos de nós, que a caridade começa em casa e que ajudar os nossos deve vir em primeiro lugar.

Mas quem eram "os meus"? Eu vivia longe de onde fora criado. Tinha me casado com uma mulher de uma crença diferente. Era um homem branco vivendo numa cidade majoritariamente de negros. E ainda que houvesse tido sorte financeiramente, Detroit estava falindo ao meu redor. A crise que logo assolaria o país se antecipava em nossas ruas. Empregos desapareciam a uma taxa alarmante. Casas eram retomadas. Prédios, abandonados. A indústria automobilística – nosso pão de cada dia – estava desmoronando, e o número cada vez maior de pessoas sem emprego e sem um teto era apavorante.

Uma noite, fui para um abrigo no centro da cidade, que fazia parte de um projeto cristão. Eu decidira passar a noite lá para escrever sobre a experiência. Esperei na fila para pegar um cobertor e um sabonete. Recebi uma cama. Ouvi um pastor pregar sobre Jesus e me surpreendi ao ver quantos daqueles homens cansados, com o rosto apoiado nas mãos, ainda se importavam com a salvação.

Num determinado momento, na fila de comida, um homem virou-se e perguntou se eu era quem ele achava que era.

Sou, respondi.

Ele assentiu devagar.

– E então... O que aconteceu com você?

AQUELA NOITE ME MOTIVOU a criar um fundo de caridade para moradores de rua. Levantamos dinheiro e o distribuímos para os abrigos da região. Sentíamos orgulho por controlarmos os custos e termos uma visão clara do destino do dinheiro arrecadado. Isso significava muitas visitas pessoais.

Foi assim, numa tarde úmida de setembro, que parei meu carro diante da velha igreja da Trumbull Avenue. Tinham me dito que o pastor administrava um pequeno abrigo ali. Queria ver se ele precisava de ajuda.

Um sinal de trânsito balançava ao vento. Saí do carro e apertei o botão da tranca no chaveiro. Um homem e uma mulher, ambos negros, estavam sentados perto da parede da igreja em cadeiras dobráveis de alumínio, daquele tipo barato que costumamos levar à praia. Eles me encararam. O homem não tinha a perna esquerda.

Estou procurando o pastor, eu disse.

A mulher se levantou. Passou por uma pequena porta vermelha com dobradiças meio soltas. Esperei. O homem de uma perna só, com as muletas encostadas na cadeira, sorriu para mim. Usava óculos e não tinha a maioria dos dentes da frente.

– Está meio quente hoje – ele disse.

É, respondi.

Olhei para o meu relógio. Mudei o peso do corpo de um pé para o outro. Finalmente, vi movimento nas sombras.

E então.

E então surgiu um homem grande.

Um homem *extremamente* grande.

Mais tarde, eu ficaria sabendo que ele tinha 50 anos – apesar do rosto ainda juvenil, com uma barba rala e curta. Era alto como um jogador de basquete, mas devia pesar quase 200 quilos. O corpo parecia se desenrolar em camadas, um peito largo cascateando até uma barriga gigantesca que pendia como um travesseiro sobre o cinto da calça. Os braços esticavam as mangas da enorme camiseta branca. A testa estava suada, e ele respirava pesado, como se tivesse acabado de subir uma escada.

Se este é um Homem de Deus, pensei, *eu sou o homem da lua.*

– Olá – disse ele com voz rouca, estendendo a mão. – Sou Henry.

De um sermão do Rebbe em 1981

UM CAPELÃO MILITAR me contou a seguinte história:

A filhinha de um soldado que seria transferido para um posto distante estava sentada no aeroporto, em meio às magras posses da família.

A garota estava com sono. Encostou-se nos embrulhos e sacolas de lona.

Uma senhora veio andando, parou e pôs a mão na cabeça da menina.

– Coitadinha – disse ela. – Não tem lar.

A criança levantou os olhos, surpresa.

– Mas a gente tem um lar – respondeu a menina. – Só não tem uma casa pra colocar ele.

SETEMBRO

O que é a riqueza?

AGORA O REBBE ESTAVA usando andador. Ouvi-o batendo no chão, vindo em minha direção enquanto eu esperava diante da porta da frente de sua casa. Era setembro, três anos depois da visita ao hospital. As folhas estavam começando a mudar de cor, e eu notei um carro estranho na entrada de veículos. Sua voz abafada cantou lá dentro:

– Estou indo... espere aí... *Estou indo...*

A porta se abriu. Ele sorriu. Estava mais magro do que quando eu começara as visitas, braços mais ossudos e rosto mais fundo. O cabelo estava branco e o corpo, que já fora alto, se arqueava. Os dedos apertavam o andador com força.

– Diga olá ao meu novo companheiro – disse chacoalhando os apoios para as mãos. – Vamos juntos a toda parte.

Ele baixou a voz.

– Não consigo fazer com que ele me *largue*!

Ri.

– Então. Entre.

Eu o segui, como sempre, e ele empurrou, levantou e bateu o andador no chão até chegar ao escritório, com todos os seus livros e a pasta sobre Deus.

O CARRO PERTENCIA a uma enfermeira que agora ajudava o Rebbe. Era o reconhecimento de que seu corpo poderia traí-lo sem aviso, a confirmação de que coisas *poderiam acontecer.* O tumor no pulmão continuava lá. Mas na idade avançada do Rebbe – 89 anos –, os médicos achavam que tirá-lo não valia o risco.

Ironicamente, à medida que o Rebbe ia ficando mais lento, o mesmo acontecia com a agressividade do câncer, como dois combatentes cansados que se arrastavam em direção à linha de chegada.

Falando de maneira educada, como faziam os médicos, a idade provavelmente levaria o Rebbe antes que qualquer tumor o fizesse.

Enquanto íamos lentamente pelo corredor, percebi outro motivo para o carro se destacar: praticamente não havia nada de novo naquela casa desde que eu começara as visitas, seis anos antes. A mobília não tinha mudado. Nenhum carpete fora recolocado. A televisão continuava do mesmo tamanho.

O Rebbe nunca fora muito chegado a coisas.

Até porque ele nunca tivera muitas coisas.

NASCEU EM 1917, e seus pais eram pobres, mesmo pelos padrões modestos da época. A mãe de Albert era imigrante da Lituânia e seu pai, um vendedor de tecidos que vivia arranjando e perdendo empregos. Moravam num prédio apinhado na Topping Avenue, no Bronx. A comida era escassa. O jovem Albert voltava da escola todos os dias, rezando para não encontrar os móveis da família na rua.

Sendo o mais velho de três filhos – uma irmã e um irmão vieram depois dele –, passava todo o tempo, desde o nascer até o pôr do sol, numa academia religiosa chamada yeshiva. Não tinha bicicleta nem brinquedos caros. Às vezes a mãe comprava pão dormido, passava geleia e lhe dava com chá quente. Ele se lembrava disso como "a refeição mais celestial da minha infância".

Na época em que a Grande Depressão se agravou, Albert tinha apenas duas mudas de roupa, uma para os dias de semana e outra para o sábado. Os sapatos eram velhos e remendados, as meias eram lavadas todas as noites. Na ocasião de seu bar mitzvah – o dia, em sua religião, em que ele se tornou um homem –, seu pai lhe deu um terno novo. Ele o envergou com o maior orgulho.

Algumas semanas depois, usando aquele mesmo terno, ele e o pai pegaram um bonde até a casa de um parente, um advogado próspero. O pai levava um bolo feito pela mãe.

Na casa, um primo adolescente veio correndo, deu uma olhada em Albert e explodiu numa gargalhada.

– Al, esse é o meu terno velho! – berrou ele. – Ei, pessoal! Olhem! O Albert está usando meu terno velho!

Albert ficou mortificado. Durante o resto da visita permaneceu sentado, sentindo a humilhação. No bonde, de volta para casa, lutou contra as lágrimas enquanto olhava furioso para o pai, que havia trocado o bolo por uma mala cheia de roupas, um negócio que agora o filho entendia como parentes ricos fazendo doações para os pobres.

Finalmente, quando chegou em casa, não suportou mais.

– Não entendo – explodiu com o pai. – O senhor é um homem religioso. Seu primo não é. O senhor reza todos os dias. Ele não. Eles têm tudo o que querem. E nós não temos nada!

O pai assentiu, e respondeu em iídiche, numa voz ligeiramente cantada.

Deus e a decisão que Ele toma são corretos.
Deus não castiga ninguém sem motivo.
Deus sabe o que está fazendo.

Foi a última vez que falaram nisso.

E foi a última vez que Albert Lewis julgou a vida a partir do que possuía.

AGORA, 76 ANOS DEPOIS, o que ele possuía significava tão pouco que parecia uma comédia. Ele se vestia como se escolhesse as roupas num brechó. Misturava camisas xadrez com meias espalhafatosas e calças da Haband, uma linha de roupas baratas que tinha itens como jeans de poliéster e coletes com 11 bolsos. O Rebbe adorava essas coisas: quanto mais bolsos, melhor. Guardava anotações, canetas, lanternas minúsculas, notas de 5 dólares, recortes de jornal, lápis.

No que dizia respeito às posses, era como um garoto; as etiquetas de grife não significavam nada, um pequeno prazer significava tudo. Alta tecnologia? Ele gostava de um radiorrelógio tocando música clássica. Restaurantes chiques? Seus prazeres culinários eram bolachas de água e sal e biscoitos recheados de creme de amendoim. Uma ótima refeição consistia em misturar cereal e aveia, acrescentar uma xícara de passas e mexer tudo. Adorava comprar comida, mas só em promoção – um hábito que ficou da época da Depressão –, e suas idas ao supermercado eram quase uma lenda. Empurrava um carrinho pelos corredores durante horas, escolhendo judiciosamente a mercadoria correta. Depois, na caixa, pegava um cupom de desconto depois do outro, brincando com os atendentes, e somando com orgulho as economias.

Durante anos sua esposa teve de buscar os cheques de pagamento, caso contrário ele não se incomodaria com isso. Seu salário inicial no templo tinha sido de uns poucos mil dólares por ano e, depois de cinco décadas de serviço, sua aposentadoria era constrangedora se comparada com a de outros clérigos. Ele nunca pedia mais. Achava impróprio. Nem mesmo tinha um carro nos primeiros anos de serviço; um vizinho chamado Eddie Adelman o levava até a Filadélfia e o deixava no metrô para que ele pudesse dar uma aula no Dropsie College.

O Rebbe parecia corporificar uma repulsa magnética entre fé e riqueza. Se os fiéis tentassem lhe dar algo, ele sugeria que em vez disso contribuíssem para a caridade. Odiava levantar fundos, porque achava que um clérigo jamais deveria pedir dinheiro às pessoas. Uma vez disse num sermão que as únicas vezes em que desejava ser milionário era quando pensava em quantas famílias poderia salvar de dificuldades financeiras.

O que ele gostava mesmo era de coisas antigas. Moedas antigas. Pinturas antigas. Até seu livro de orações era velho e gasto, cheio de recortes preso com tiras de elástico.

– Eu tenho tudo de que preciso – dizia, examinando suas prateleiras bagunçadas. – Por que me incomodar buscando mais?

O senhor é como aquela citação bíblica, eu disse. O que lucra um homem que ganha o mundo todo mas perde a alma?

– Isso foi Jesus quem falou.

Epa, desculpe, eu disse.

– Não peça desculpa – disse ele, sorrindo. – Mesmo assim é bom.

Igreja

ENQUANTO O TRÁFEGO de Detroit passava zunindo do lado de fora, caminhei pelo santuário gigantesco com o pastor Henry Covington do Ministério Sou o Guardião do Meu Irmão. Era um espaço antigo e espetacular, com teto altíssimo, um grande púlpito de mogno, um enorme órgão de tubos e um balcão superior com bancos.

Além disso, estava caindo aos pedaços.

A tinta se soltava em toda parte. O reboco rachava. As tábuas do piso tinham se deteriorado e os buracos no tapete poderiam fazer alguém torcer o tornozelo. Olhei para cima e vi um buraco no teto.

Um buraco enorme.

Talvez com três metros.

– Esse é um grande problema – admitiu Henry. – Principalmente quando chove.

Notei baldes vermelhos em locais estratégicos para receber a água. O reboco branco estava marrom, por causa das infiltrações. Eu nunca vira um buraco assim num prédio religioso. Parecia o casco de um navio arrebentado por um tiro de canhão.

Nós nos sentamos. A barriga de Henry pendia tão grande à sua frente que ele parecia enganchar os cotovelos no encosto do banco para se equilibrar.

– Não sei bem por que o senhor está aqui – disse educadamente.

O senhor cuida de moradores de rua, certo?

– É, algumas noites por semana – respondeu Henry.

Eles comem aqui?

– É, no nosso ginásio.

E dormem aqui?

– É.

Eles têm de ser cristãos?

– Não.

O senhor tenta convertê-los?

– Não. Nós oferecemos orações. Perguntamos se alguém quer entregar a vida a Jesus, mas ninguém é forçado. Qualquer um pode vir.

Assenti. Falei com ele sobre nosso fundo de caridade. Que talvez pudéssemos ajudar.

– Ah. – Suas sobrancelhas se levantaram. – Bom. Seria excelente.

Olhei em volta.

Esta é uma igreja grande, eu disse.

– Eu sei – ele respondeu, rindo.

O senhor tem sotaque de Nova York.

– Ahã. Do Brooklyn.

Este foi seu primeiro posto como pastor?

– É. Quando cheguei, fui diácono e zelador. Varria, passava pano, aspirador, limpava os banheiros.

Pensei no Rebbe, que, quando chegara ao nosso templo, precisava ajudar a limpar e trancar as portas. Talvez fosse assim que os Homens de Deus desenvolviam a humildade.

– Há muito tempo – disse Henry – esta foi uma igreja famosa. Mas há alguns anos foi vendida ao nosso ministério. Na verdade, disseram que ela seria nossa se pudéssemos pagar a manutenção.

Olhei em volta.

O senhor sempre quis ser pastor?

Ele riu, fungando.

– Nããão.

O que planejava fazer quando saiu da escola?

– Na verdade, eu estava na cadeia.

É mesmo?, perguntei, fingindo um tom casual. Por quê?

– Ôôô, fiz um monte de coisas. Drogas, roubo de carros. Fui preso por homicídio. Uma coisa em que nem estava envolvido.

E como saiu de tudo isso?

– Bom... Uma noite achei que ia ser morto por uns caras que eu tinha roubado. Por isso fiz uma promessa a Deus. Se sobrevivesse até a manhã seguinte, iria me entregar a Ele.

Fez uma pausa, como se alguma dor antiga e enferrujada tivesse ressoado dentro dele.

– Isso foi há 20 anos – disse.

Enxugou a testa com um lenço.

– Vi muita coisa na vida. Sei exatamente o que significa "Glória, glória, aleluia, vencendo vem Jesus".

Certo, falei, porque não sabia o que dizer.

ALGUNS MINUTOS DEPOIS, andamos até a saída lateral. O piso estava coberto por uma crosta de sujeira. Uma escada descia até um ginásio pequeno e mal iluminado, onde, segundo ele, as pessoas dormiam.

Naquele dia, não me comprometi muito com sua obra, apenas disse que voltaria depois e poderíamos conversar mais. Para ser honesto, o negócio da cadeia foi como um sinal de alerta. Eu sabia que as pessoas eram capazes de mudar. Mas também sabia que algumas só mudavam de local.

Fazendo cobertura jornalística de esportes – e morando em

Detroit –, eu tinha visto um bocado de mau comportamento: drogas, assaltos, armas. Tinha testemunhado "pedidos de desculpa" em entrevistas coletivas apinhadas. Entrevistara e escrevera matérias elogiosas sobre homens muito hábeis em nos convencer que seus problemas pertenciam ao passado – homens que acabei vendo metidos nas maiores encrencas alguns meses depois.

No esporte, isso já era bastante ruim. Mas eu tinha uma aversão particular pela hipocrisia religiosa. Os televangelistas que pediam dinheiro, depois eram presos por comportamento lascivo e logo voltavam a pedir, sob o disfarce do arrependimento – esse tipo de coisa me revirava o estômago. Queria confiar em Henry Covington. Mas não queria ser otário.

E afinal de contas, sejamos honestos, o mundo de sua fé não era aquele ao qual eu estava acostumado. Tão em ruínas. Tão improvisado. A igreja parecia estar se desmanchando até por dentro. A escada, segundo Henry, levava a um andar onde cinco inquilinos viviam em cômodos parecidos com dormitórios.

Então, espere aí, essas pessoas *moram* na sua igreja?

– É. Algumas. Elas pagam um pequeno aluguel.

Como o senhor paga suas contas?

– Basicamente com esse dinheiro.

Há alguma contribuição dos fiéis?

– Não.

Então como o senhor recebe salário?

Ele riu.

– Não recebo.

Saímos ao sol. O perneta ainda estava lá. Ele sorriu. Forcei um sorriso em resposta.

Bom, pastor, farei contato, disse eu.

Não sei se falava a sério.

– O senhor é bem-vindo ao culto do domingo – ele disse.

Não sou cristão.

Ele deu de ombros. Não entendi se significava "tudo bem, então você não é bem-vindo", ou "tudo bem, você é bem-vindo mesmo assim".

O senhor já esteve numa sinagoga?, perguntei.

– Já. Quando era adolescente.

Em que ocasião?

Ele olhou para baixo, sem graça.

– Quando a roubamos.

Outubro

Velhice

O ESTACIONAMENTO da sinagoga estava apinhado de carros, e os restantes se esparramavam por 800 metros pela rua principal. Era o Yom Kippur, o Dia da Expiação, o mais santo do calendário judaico, o dia em que, pelo que dizem, o Senhor decide quem será carimbado no Livro da Vida por mais um ano.

Apesar de ser solene por si só, aquele era também o momento mais iluminado do Rebbe, a manhã para a qual pareciam ser reservados seus melhores sermões. Rara era a ocasião em que os fiéis não iam para casa falando da mensagem do Rebbe sobre a vida, a morte, o amor e o perdão.

Hoje, não. Aos 89 anos, ele havia parado de fazer sermões. Não apareceu no púlpito. Em vez disso, ficou sentado discretamente no meio de outros fiéis, e eu me sentei na próxima seção, ao lado do meu pai e da minha mãe, como tinha feito durante toda a vida.

Era o único dia em que eu parecia fazer parte de tudo aquilo.

EM ALGUM MOMENTO, durante a cerimônia vespertina, fui ao encontro do Rebbe. Passei por antigos colegas de escola, rostos vagamente familiares transformados por cabelos ralos, óculos ou papadas que antigamente não existiam. Eles sorriram e sussurraram olá, lembrando-se de mim mais rápido do que eu deles, o que me fez pensar que talvez, lá no fundo, eles achassem que eu me sentia superior por ter me mudado dali. É possível que tivessem razão; acho que eu agia assim.

O Rebbe estava sentado um pouco longe do corredor, batendo palmas durante uma oração animada. Usava um manto creme, como sempre, mas o andador, que ele odiava usar em público, estava encostado na parede próxima. Quando Sarah, ao seu lado, me viu, deu um tapinha no braço do marido, que olhou por cima das mãos que batiam palmas.

– Ahh – disse ele. – Veio lá de Detroit.

Seus familiares o ajudaram a ficar de pé.

– Venha. Vamos conversar.

Ele saiu lentamente e encontrou o andador. As pessoas no corredor se adiantavam, estendendo as mãos para o caso de ele precisar de ajuda. Dava para ver nos rostos a mistura de reverência e preocupação.

Ele se apoiou no andador e foi saindo.

VINTE MINUTOS MAIS TARDE, depois de parar praticamente a cada metro para cumprimentar alguém, nós nos sentamos em seu pequeno escritório, em frente à sua antiga sala grande. Eu nunca tivera uma conversa particular com o Rebbe no dia mais santo do ano. Achei estranho estar em sua sala quando todas as outras pessoas continuavam lá fora.

– Sua mulher está aqui? – ele perguntou.

Com a minha família, respondi.

– Bom.

Ele sempre fora doce com a minha mulher. E nunca me censurava por causa da crença dela. Isso era gentil.

Como está se sentindo?, perguntei.

– Arr. Eles querem que eu coma hoje.

Quem?

– Os médicos.

Tudo bem.

– Tudo bem, não. – Ele cerrou um punho. – Hoje nós jejuamos. Esta é a minha tradição. Quero fazer o que sempre fiz.

Ele baixou o punho e olhou para a mão que tremia.

– Está vendo? – sussurrou. – Este é o dilema do homem. Nós nos rebelamos contra isso.

Envelhecer?

– Envelhecer é o de menos. O problema é *ser* velho.

UM DOS SERMÕES MAIS memoráveis do Rebbe, pelo menos para mim, veio depois que seu parente mais velho, uma tia, faleceu. Sua mãe e seu pai já tinham partido, e os avós haviam sido enterrados muito tempo antes. Parado junto à sepultura da tia, ele teve um pensamento simples mas apavorante:

Sou o próximo.

O que fazer quando a irritante ordem natural das coisas o coloca na frente da fila da morte, onde você não pode mais se esconder atrás do "Ainda não é minha vez"?

Vendo o Rebbe agora, encurvado atrás de sua mesa, lembrei-me, tristemente, de que ele estava no topo da lista de sua família fazia muito tempo.

Por que não faz mais sermões?, perguntei.

– Não suporto a ideia – respondeu, suspirando. – Se eu tropeçasse numa palavra, se, num momento-chave, eu me perdesse...

O senhor não precisa ficar constrangido.

– Não eu – ele corrigiu. – As pessoas. Se elas me vissem aparvalhado... isso faria com que lembrassem que estou morrendo. Não quero apavorá-las.

Eu deveria saber que ele estava pensando em nós.

QUANDO EU ERA CRIANÇA, realmente acreditava que existisse um Livro da Vida, um negócio gigantesco e empoeirado que ficava numa biblioteca do céu e que, uma vez por ano, no Dia da Expiação, Deus folheava tendo uma pena nas mãos, e – *confere, confere, não, confere* – as pessoas viviam ou morriam.

Eu tinha um medo enorme de não estar rezando com empenho suficiente, achava que devia fechar os olhos com mais força para que a pena de Deus me aprovasse.

O que as pessoas mais temem com relação à morte?, perguntei ao Rebbe.

– Temem? – Ele pensou um momento. – Bom, para começar, o que acontece depois? Para onde nós vamos? Será que é o que imaginamos?

Isso impressiona.

– É. Mas há outra coisa.

O quê?

Ele se inclinou para frente.

– Ser esquecido – sussurrou.

HÁ UM CEMITÉRIO não muito longe da minha casa, com sepulturas que remontam ao século XIX. Nunca vi ninguém ir lá colocar uma flor. A maioria das pessoas simplesmente passa, lê o que está gravado e comenta:

– Uau. Olha como é *antigo*.

Aquele cemitério me veio à mente no escritório do Rebbe, depois de ele citar um poema lindo e comovente. Escrito por Thomas Hardy, fala de um homem em meio a lápides, conversando com os mortos. As almas dos que tinham morrido recentemente lamentavam as mais antigas que já haviam desaparecido da memória:

Estão praticamente esquecidas,
São como homens que não existiram,
Sua perda vai além da perda da respiração
É a segunda morte.

A segunda morte. Pessoas que não são visitadas nos asilos. Moradores de rua que morrem congelados em becos. Quem chorou sua morte? Quem marcou seu tempo na terra?

– Uma vez, numa viagem à Rússia – lembrou o Rebbe –, encontramos uma sinagoga ortodoxa. Dentro estava um velho, de pé, sozinho, recitando o kadish do luto. Por educação, perguntamos por quem ele o estava recitando. O velho ergueu os olhos e respondeu: "Estou recitando por mim mesmo."

A segunda morte. Pensar que você morreu e que ninguém mais vai lembrar de você. Imaginei se era por isso que nos Estados Unidos tentávamos com tanto empenho deixar nossa marca. Ser *conhecido*. A importância de se tornar uma celebridade.

Cantamos para ser famosos; expomos nossos piores segredos para ficar famosos; perdemos peso, comemos insetos, até cometemos assassinato em nome da fama. Jovens registram seus pensamentos mais íntimos em sites da internet. Transmitem imagens de seus quartos. É como se estivéssemos gritando: *Note-me! Lembre-se de mim!* No entanto, a notoriedade praticamente não dura. Os nomes rapidamente ficam obscuros e são esquecidos.

COMO, ENTÃO, PERGUNTEI ao Rebbe, podemos evitar a segunda morte?

– A curto prazo, a resposta é simples. Família. É através de meus familiares que espero continuar vivendo por algumas gerações. Enquanto eles se lembrarem de mim, continuarei vivendo. Enquanto rezarem por mim, continuarei vivendo. Tudo o que fizemos juntos, os risos e as lágrimas. Mas isso também é limitado.

Como assim?

Ele cantou a frase seguinte:

– Seee... eu fiz um bom trabalho, serei lem-bra-do por uma geração, talvez duas... mas com o tem-po... eles vão dizer: "Como era mesmo o noooome dele?"

A princípio, protestei. Depois, parei. Não sabia o nome da minha bisavó. Nunca tinha visto o rosto do meu bisavô. Quantas gerações são necessárias, mesmo em famílias muito unidas, para o tecido se esgarçar?

– É por isso – disse o Rebbe – que a fé é tão importante. É uma corda em que nos agarrarmos, subindo e descendo a montanha. Eu posso não ser lembrado dentro de muitos anos. Mas aquilo em que acredito e que ensinei sobre Deus e sobre nossa tradição, *isso* pode continuar. Vem dos meus pais e dos pais deles, antes. E se puder se estender até meus netos e aos netos deles, todos estaremos, você sabe...

Ligados?

– É isso aí.

ACHO QUE DEVERÍAMOS voltar para a cerimônia, eu disse.

– Certo. É. Me dê um empurrãozinho aqui.

Percebi que ele não conseguia se levantar da cadeira sem ajuda. A que distância isso estaria dos dias em que ele comandava o púlpito com voz retumbante enquanto eu ficava sentado no meio da multidão, pasmo com seu desempenho? Tentei não pensar nisso. Fui desajeitadamente para trás dele, contei "um... dois... três" e o levantei pelos cotovelos.

– Ahhh – exalou o Rebbe. – Velho, velho, velho.

Aposto que o senhor ainda poderia fazer um sermão fenomenal.

– Você acha? – ele perguntou baixinho.

Acho, respondi. Sem dúvida.

No porão da casa há antigos rolos de filme sobre o Rebbe, Sarah e a família:

Ali estão eles no início dos anos 1950, embalando seu primeiro filho, Shalom.

Ali estão, alguns anos depois, com as gêmeas, Orah e Rinah.

Ali estão, em 1960, empurrando Gilah, a mais nova, em seu carrinho de bebê.

Ainda que as imagens sejam granuladas, a expressão de deleite no rosto do Rebbe – segurando os filhos no colo, abraçando-os e beijando-os – é inconfundível. Ele parece predestinado a ter uma família. Nunca bate nos filhos. Raramente levanta a voz. As lembranças que deixa são pequenos pedaços de amor: vagarosas caminhadas à tarde, do templo para casa; noites ajudando as filhas com os deveres escolares, conversas longas com a família nos jantares do sabá, dias de verão jogando uma bola de beisebol, por cima da cabeça, para o filho.

Um dia leva Shalom e alguns coleguinhas num passeio de carro, atravessando a ponte na saída da Filadélfia. Enquanto se aproximam da cabine do pedágio, ele pergunta se os meninos estão com os passaportes.

– Passaportes? – perguntam eles.

– Quer dizer que vocês não estão com os passaportes e esperam entrar em Nova Jersey? – exclama ele. – Depressa! Escondam-se debaixo desse cobertor! Não respirem! Não façam nenhum barulho!

Mais tarde, ri com eles da brincadeira. Mas, embaixo do cobertor, no banco de trás de um carro, mais uma história da família é forjada, da qual pai e filho rirão durante décadas. É assim que se constrói um legado. Uma lembrança de cada vez.

Agora, seus filhos estão adultos. O filho é um rabino estabelecido. A filha mais velha é diretora de biblioteca; a mais nova, professora. Todos têm filhos.

– Veja esta foto de todos nós juntos – diz o Rebbe. – Sempre que sinto o espírito da morte pairando, olho esta foto, com toda a família sorrindo para a máquina fotográfica. E digo: "Al, você se saiu bem. Esta é a sua imortalidade."

Igreja

QUANDO ENTREI NA IGREJA, um homem magro, de testa alta, inclinou a cabeça e me deu um pequeno envelope branco para o caso de eu querer fazer uma doação. Fez sinal para eu me sentar onde quisesse. O tempo tinha fechado, chovia e ventava. A água pingava do buraco escuro do teto, caindo dentro dos baldes vermelhos colocados sobre pedaços de compensado.

A maior parte dos bancos estava vazia. Na frente, perto do altar, um homem sentado atrás de um órgão portátil tocava ocasionalmente um acorde, pontuado pelos golpes da baqueta – *pa! dum!* – de um baterista. A música débil ecoava no espaço amplo.

De pé, num dos lados, estava o pastor Henry, com um comprido manto azul balançando para trás e para a frente. Depois de vários de seus convites, eu tinha vindo a um culto. Não sei bem por quê. Talvez por curiosidade. Talvez, sendo sincero, para ver se confiava nele a ponto de fazer a doação do dinheiro. Tínhamos conversado várias vezes. Ele não poupara qualquer detalhe de sua história criminosa – as drogas, as armas, o tempo na cadeia –, e, embora eu apreciasse sua honestidade, se examinasse estritamente seu passado poderia não haver motivo para investir em seu futuro.

Mas também havia alguma coisa triste e confessional em seu rosto, um certo cansaço em sua voz, como se ele tivesse se fartado do mundo, ou pelo menos de parte dele. E, ainda que eu não conseguisse deixar de pensar naquela velha expressão “Jamais confie num pregador gordo”, não acreditava que Henry Covington estivesse desviando dinheiro de sua congregação. Não havia o que desviar.

Ele ergueu os olhos de sua meditação e me viu. Depois, continuou rezando.

HENRY COVINGTON fora mandado para Detroit em 1992, pelo bispo Roy Brown, da Assembleia Internacional de Peregrinos de Nova York. Brown tinha descoberto Henry em sua igreja, ouvira seu testemunho, levara-o a prisões e vira como os presos recebiam sua história. Finalmente, depois de treiná-lo, ensiná-lo e ordená-lo como diácono, pediu que Henry fosse à cidade dos carros.

Henry teria feito qualquer coisa por Brown. Ele levara sua família para um hotel no centro de Detroit, e recebia 300 dólares por semana para ajudar a montar um novo ministério Peregrino. Seu meio de transporte era uma velha limusine preta que o bispo Brown tinha cedido, em parte para transportá-lo quando ele fosse aos cultos de fim de semana na cidade.

No correr dos anos, Henry serviu sob o comando de três pastores diferentes, e cada um deles notou sua dedicação aos estudos e a facilidade com que se ligava às pessoas do bairro. Isso o elevou a presbítero e, depois, a pastor. Mas, com o tempo, o interesse dos Peregrinos foi diminuindo, e o bispo Brown parou de aparecer, assim como o dinheiro de Henry.

Ele teria de nadar ou afundar sozinho.

Sua hipoteca foi executada. Os xerifes puseram uma placa na porta da casa. A água e a eletricidade foram cortadas. Enquanto isso, na igreja ignorada, um aquecedor de água estourou e canos racharam. Traficantes locais mandaram dizer a Henry que se ele deixasse que o lugar servisse como centro secreto de distribuição das drogas, seus problemas financeiros terminariam.

Mas, para Henry, essa vida tinha acabado.

Então, ele correu atrás. Formou o Ministério Sou o Guardião do Meu Irmão, pediu a orientação de Deus e fez o possível para manter sua igreja e sua família.

AGORA, ENQUANTO O ÓRGÃO tocava, alguém surgia andando com dificuldade, apoiado em muletas. Era o homem de uma perna só, da minha primeira visita. Seu apelido era Cass, abreviação de Anthony Castelow. Por acaso, era presbítero da igreja.

– Obrigado, obrigado, senhor – começou ele, de olhos quase fechados. – Obrigado, obrigado, obrigado...

Alguém bateu palmas. Alguém gritou: "Bem...", e soou mais como "Baiiiim". Dava para ouvir o barulho do tráfego que entrava quando a porta era aberta.

– Obrigado, Jesus... Obrigado por nosso pastor, obrigado por este dia...

Contei 26 pessoas, todas negras e, na maioria, mulheres. Sentei-me atrás de uma senhora idosa que usava um vestido da cor do mar caribenho, com chapéu largo combinando. Em termos de público, estava muitíssimo longe daquelas mega-igrejas da Califórnia, ou mesmo de uma sinagoga suburbana.

– Obrigado por este dia, obrigado, Jesus...

Quando terminou, o diácono Cass virou-se para ir embora, mas o fio agarrou em sua muleta, e o microfone caiu no chão com um *pou* amplificado.

Uma mulher ajeitou-o rapidamente.

Então, a igreja ficou em silêncio.

E com as bochechas e a testa já brilhando de suor, o pastor Henry se adiantou.

QUANDO UM CLÉRIGO se levanta para fazer o sermão, minha tendência é acomodar o corpo, na feliz expectativa do que vou ouvir. Adquiri esse hábito com o Rebbe, e por isso escorreguei no banco de madeira, enquanto o organista tocava os últimos acordes de "Amazing Grace".

Henry se inclinou na direção do público. Ficou ali um momento, como se ponderasse um último pensamento. Depois, falou.

– Graça assombrosa... – disse balançando a cabeça. –... Graça assombrooosa.

Alguém repetiu:

– Graça assombrosa!

Outros bateram palmas. Claramente esta não era a plateia silenciosa e reflexiva à qual eu estava acostumado.

– Graça assombroooosa – gritou Henry. – Eu poderia estar morto.

– *Mmm-hmm!*

– Eu deveria estar morto!

– *Mmm-hmm!*

– Eu estaria morto!... Não fosse a sua graça!

– *Sim!*

– *Sua* graça... salvou um desgraçado. E eu era um desgraçado. Sabem o que é um desgraçado? Eu vivia fumando crack, era alcoólatra, viciado em heroína, mentiroso, ladrão. Era *todas* essas coisas. Mas então Jesus chegou...

– *Jesus!*

– Eu digo que ele é o maior reciclador que eu conheço!...

Jesus... Ele me levanta. Ele me reorganiza. Ele me *reposiciona*. Sozinho eu não presto...

– *Baiiim...*

– Mas ele faz toda a diferença!

– *Amém!*

– Bom, ontem... ontem, amigos, um pedaço do teto despencou. Estava chovendo dentro do santuário. Mas sabem...

– *Diga, reverendo...*

– Vocês sabem-sabem-sabem-sabem... como diz aquela música... Aleluia...

– *Aleluia!*

– Mesmo assim!

Ele começou a bater palmas. O organista entrou no ritmo. O baterista logo depois. E eles foram em frente, como se um refletor tivesse acabado de se acender no altar.

– *Aaaaa-leluia mesmo assim...* – cantou Henry. – *... nunca deixe um problema ser seu fim...*

"Aleluia... mesmo assim!
Não importa o que aconteça,
Erga a voz e agradeça...
Aleluia... mesmo assim!"

Sua voz era linda, límpida, e parecia quase aguda demais para sair de um homem tão grande. Toda a congregação ficou imediatamente envolvida, inspirada, batendo palmas, balançando os ombros e cantando junto – menos eu. Eu me sentia como o fracassado que não conseguiu entrar para o coro.

– A-le-luia... mesmo assim!

Quando a música parou, Henry retomou a pregação. Não havia diferença entre oração, hino, palavra, música, pregação, pedido ou chamado e resposta. Aparentemente, tudo fazia parte do pacote.

– Estivemos aqui ontem à noite – disse Henry – só olhando em volta, olhando em volta, e o reboco estava lascando e a tinta se soltando em toda parte...

– *Está mesmo!*

– E dava para ouvir a água jorrando. Espalhamos baldes por toda parte. E eu pedi ao Senhor. Comecei a rezar. Disse: "Senhor, mostre sua misericórdia e sua gentileza. Ajude-nos a curar sua casa. Só nos ajude a consertar esse buraco..."

– *Agora está tudo bem...*

– E por alguns minutos, perdi a esperança. Porque não sei de onde virá o dinheiro para consertar. Mas então parei.

– *Isso mesmo!*

– Parei porque percebi uma coisa.

– *É, reverendo!*

– O Senhor, vejam bem, o Senhor está interessado no que a gente faz, mas o Senhor não se interessa nem um pouco por nenhum prédio.

– *Amém!*

– O Senhor não se importa nem um pouco com prédio *nenhum*!

– *Isso MESMO!*

– Jesus disse: "Portanto não vos preocupeis com o amanhã, porque o amanhã se preocupará com ele próprio." Deus não se importa com nenhum *prédio*. Ele se importa com vocês e com o que está nos seus corações.

– *O Senhor dos Exércitos!*

– E se este é o lugar onde viemos adorá-lo, se este é o lugar onde viemos adorá-lo... se este é *o único lugar aonde podemos ir para adorá-lo...*

Ele fez uma pausa. Sua voz baixou até tornar-se um sussurro.

– Então, este lugar é sagrado para *Ele*.

– *Sim, reverendo!... Pregue, pastor!... Amém!... Baiiiim!*

As pessoas se levantaram e bateram palmas, entusiasmadas, convencidas, graças a Henry, de que, ainda que seu prédio estivesse se desintegrando, suas almas continuavam visíveis e talvez o Senhor estivesse usando aquele buraco no teto para olhá-las e ajudá-las.

Levantei os olhos e vi os baldes vermelhos e a água pingando. Vi Henry recuando, em seu gigantesco manto azul, cantando sua oração. Não sabia bem o que pensar dele: carismático, enigmático, problemático? Mas não havia dúvida de que a mãe dele tinha razão. Ele seria um pregador, não importava quanto isso demorasse para acontecer.

~

Começo a ler sobre crenças diferentes da minha. Estou curioso para ver se as semelhanças são maiores do que eu acreditava. Li sobre mórmons, católicos, sufis, quacres.

Encontrei um documentário sobre a celebração hindu da Kumbh Mela, uma peregrinação santa que vai da foz do rio Ganges até sua nascente, no Himalaia. A lenda diz que quatro gotas de néctar imortal pingaram quando os deuses lutaram contra os demônios no céu, e esse néctar caiu em quatro lugares da terra. A peregrinação é uma jornada que leva a esses lugares; para se banhar nas águas do rio, lavar os pecados e procurar a saúde e a salvação.

Milhões participam. Dezenas de milhões. É uma visão incrível.

Vejo homens barbudos dançando. Vejo homens santos com lábios furados e a pele coberta de pó. Vejo mulheres idosas que viajaram durante semanas para buscar a majestade de Deus nas montanhas cobertas de neve.

É a maior reunião de seres humanos na terra, e foi chamada de "maior ato de fé do mundo". No entanto, para a maioria das pessoas do meu país, é uma coisa totalmente desconhecida. O texto se refere à Kumbh Mela como "fazer parte de algo grande enquanto se faz algo pequeno".

Imagino se isso se aplica à visita a um velho em Nova Jersey.

Um bom casamento

NÃO FALEI MUITO sobre a mulher do Rebbe. Deveria falar.

Segundo a tradição judaica, 40 dias antes de um menino nascer, uma voz celestial grita o nome da pessoa com quem ele se casará. No caso, o nome "Sarah" foi gritado para Albert em algum momento de 1917. A união dos dois foi longa, amorosa e resistente.

Eles se conheceram numa entrevista de emprego em Brighton Beach – ele era diretor de uma escola e ela procurava emprego como professora de inglês. Os dois discordaram em várias questões, e ela foi embora pensando "*Lá se vai o emprego*". Mas ele a contratou e admirou. E meses depois, chamou-a à sua sala.

–Você está tendo algum relacionamento amoroso? – perguntou.

– Não – ela respondeu.

– Bom. Por favor, continue assim. Porque pretendo pedi-la em casamento.

Sarah conteve uma risada.

– Mais alguma coisa? – perguntou.

– Não.

– Certo – disse ela, e saiu.

ELE DEMOROU MESES para ir em frente, dominado pela timidez, mas acabou indo, e os dois namoraram. Ele levou-a a um restaurante. Levou-a a Coney Island. Na primeira vez em que tentou beijá-la, ficou com soluços.

Dois anos depois, estavam casados.

Em mais de seis décadas juntos, Albert e Sarah Lewis criaram quatro filhos, enterraram uma filha, dançaram no casamento dos filhos, compareceram ao enterro dos pais, deram as boas-vindas a sete netos, viveram em apenas três casas e jamais pararam de apoiar, debater, amar e tratar com carinho um ao outro. Podiam discutir, e até se distanciarem um pouco, mas os filhos os viam à noite, através da porta, sentados à beira da cama, de mãos dadas.

Eles realmente formavam uma equipe. Do púlpito, o Rebbe a provocava dizendo:

– Desculpe, minha jovem, poderia nos dizer seu nome?

Ela contra-atacava dirigindo-se às pessoas:

– Passei 30 anos maravilhosos com meu marido, e nunca me esqueci do dia em que nos casamos, 3 de novembro de 1944.

– Espere... – dizia alguém, fazendo as contas – Isso foi há mais de 30 anos.

– Sim – dizia ela. – Mas na segunda-feira você tem 20 minutos fantásticos, na terça tem uma hora ótima. Se somar tudo, vão ser 30 anos maravilhosos.

Todo mundo ria, e o marido se iluminava. Numa lista de sugestões para jovens clérigos, uma vez o Rebbe escrevera: "Encontre uma boa parceira."

Ele tinha encontrado a sua.

E ASSIM COMO AS COLHEITAS sucessivas tornam um agricultor mais sábio, os anos de casamento ensinaram ao Rebbe como o matrimônio funciona – ou não funciona. Ele celebrou quase 1.000 casamentos, desde os mais básicos até os embaraçosamente espalhafatosos. Muitos casais permaneceram juntos. Muitos, não.

O senhor consegue prever quais casamentos sobreviverão?, perguntei.

– Às vezes – ele respondeu. – Se os dois estão se comunicando bem, as chances são boas. Se possuem um sistema de crenças e valores semelhantes, também.

E amor?

– Amor eles sempre devem ter. Mas o amor muda.

Como assim?

– O amor do tipo fascínio, "ele é tão bonito, ela é tão linda", talvez diminua e feneça. Assim que alguma coisa dá errado, esse tipo de amor é capaz de sair voando pela janela.

"Por outro lado, um amor verdadeiro pode se enriquecer. Ele é testado e fica mais forte. Como em *Um violinista no telhado*. Lembra? Quando Tevye canta 'Do you Love Me?'."

Eu deveria ter previsto que em algum momento ele ia fazer essa referência. Acho que *Um violinista no telhado* era praticamente a visão de mundo do rabino. Religião. Tradição. Comunidade. E um marido e uma esposa – Tevye e Golde – cujo amor é provado pela ação, não por palavras.

– Quando ela diz: "Como você pode perguntar se eu o amo? Veja tudo o que fiz com você. Que outro nome você daria a isso?"

"*Esse* amor construído através da vida que os dois criaram juntos é o que realmente dura."

O REBBE TINHA A SORTE de ter construído um amor assim com Sarah. Esse amor suportara situações difíceis, porque havia companheirismo – e generosidade. O Rebbe gostava de dizer aos jovens casais: "Lembrem-se, o que diferencia 'marital' de 'marcial' é uma letra."

Além disso, de vez em quando, ele contava a piada sobre um

homem que reclama com o médico, dizendo que quando sua mulher está com raiva, ela fica histórica.

– O senhor quer dizer histérica – corrigiu o médico.

– Não, histórica – insiste o homem. – Ela conta a *história* de cada coisa errada que eu já fiz na vida!

Mesmo assim, o Rebbe sabia que o casamento era uma instituição ameaçada. Ele oficiara para casais, testemunhara sua separação, voltara a oficiar quando um deles se casava com outra pessoa.

– Acho que hoje em dia espera-se demais do casamento – dizia. – Espera-se a perfeição. Cada momento deveria ser uma bem-aventurança. Isso acontece na TV e nos filmes. Mas não na experiência humana.

"Como diz Sarah, 20 minutos bons aqui, 40 minutos bons ali vão se somando e se tornam uma coisa linda. O segredo consiste em não juntar todas as coisas ruins num monte de lixo. Ter uma discussão é mais do que natural. Como também é natural que o outro cutuque você um pouco, incomode você de vez em quando. É inevitável que isso aconteça quando vivemos com alguém.

"Mas a alegria que vocês recebem desse convívio, quando cuidam juntos de seus filhos, quando acordam e sorriem um para o outro, como nossa tradição ensina, é uma bênção. As pessoas se esquecem disso."

Por quê?

– Porque a palavra "compromisso" perdeu o significado. Tenho idade suficiente para me lembrar de quando comprometer-se era positivo. Uma pessoa comprometida era alguém digno de admiração. Era leal e firme. Agora os compromissos tornaram-se algo a se evitar. Ninguém quer se amarrar.

"Por sinal, acontece o mesmo com a fé. Nós não queremos ter de ir aos cultos o tempo todo ou seguir as regras. Não queremos nos comprometer com Deus. Nós vamos até Ele quando precisamos ou quando as coisas estão bem. Mas compromisso verdadeiro? Isso exige uma força constante, seja na fé ou no casamento."

E se a pessoa não se compromete?

– A escolha é dela. Mas ela perde o que há do outro lado.

O que há do outro lado?

– Ah – ele sorriu. – Uma felicidade que não se pode encontrar sozinho.

INSTANTES DEPOIS, SARAH entrou na sala usando um casaco. Como o marido, ela estava com 80 e tantos anos, tinha cabelos bastos e quase brancos, usava óculos e seu sorriso era cativante.

– Vou fazer compras, Al – disse ela.

– Certo. Vamos sentir sua falta. – Ele cruzou as mãos sobre a barriga, e por um momento os dois simplesmente sorriram um para o outro.

Pensei no compromisso dos dois, assumido havia mais de 60 anos. Pensei em como ele dependia dela, agora. Visualizei-os à noite, de mãos dadas na beira da cama. Uma felicidade que não se pode encontrar sozinho.

– Eu ia lhe fazer uma pergunta – disse o Rebbe à mulher.

– O que é?

– Bom... já esqueci.

– Certo – ela riu. – A resposta é não.

– Ou *talvez* não?

– Ou talvez não.

Ela se aproximou e apertou a mão dele, brincando.

– Então, foi um prazer conhecê-lo.

Ele riu.

– O prazer foi meu.

Beijaram-se.

Não sei o que aconteceu 40 dias antes do nascimento, mas naquele instante eu não ficaria surpreso se ouvisse dois nomes sendo gritados do céu.

Quando eu era criança, tinha certeza de que jamais me casaria com alguém de fora da minha religião.

Mesmo assim, adulto, foi o que fiz.

Minha mulher e eu nos casamos numa ilha do Caribe. O sol está baixando, o tempo está quente e lindo. Sua família lê passagens da Bíblia. Meus irmãos cantam um tributo engraçado. Piso numa taça. Somos casados por uma juíza local, que nos oferece sua bênção particular.

Apesar de virmos de crenças diferentes, criamos uma solução amorosa: eu a apoio, ela me apoia, nós comparecemos às celebrações religiosas um do outro e, embora fiquemos em silêncio durante algumas orações, sempre dizemos "amém".

Ainda assim, há momentos especiais: quando ela está perturbada, pede ajuda a Jesus, e eu a ouço rezar baixinho e me sinto excluído. Quando você se casa com alguém de outra religião, há uma mistura que vai além da de duas pessoas – mistura de histórias e tradições, mistura de retratos da primeira comunhão com fotos do bar mitzvah. E mesmo sendo verdade, como minha mulher diz algumas vezes, que "Não somos tão diferentes assim, porque eu acredito no Antigo Testamento", nós somos diferentes.

O senhor tem raiva de mim por causa do meu casamento?, pergunto ao Rebbe.

– Por que teria raiva? De que serviria a raiva? Sua mulher é uma pessoa maravilhosa. Vocês se amam. Dá para ver.

Então, como isso fica em relação ao seu trabalho?

– Bem. Se um dia você viesse e dissesse: "Adivinhe só, ela quer se converter ao judaísmo", eu não ficaria chateado. Até lá...

Ele cantou.

– Até lá, vamos todos iiindo...

A vida de Henry

De vez em quando eu não conseguia deixar de comparar o Rebbe com o pastor Henry. Os dois adoravam cantar. Os dois faziam sermões incríveis. Como o Rebbe, Henry fora o líder de apenas uma congregação durante toda a carreira, e marido de apenas uma mulher. E como Albert e Sarah Lewis, Henry e Annette Covington tinham um filho e duas filhas, e também haviam perdido uma criança.

Mas, afora isso, suas histórias se distanciavam.

Henry, por exemplo, não conheceu a futura esposa numa entrevista de emprego. Viu Annette pela primeira vez quando ela estava jogando dados.

– Venha, seis! – gritou ela, jogando os dados contra uma soleira, com o irmão mais velho. – Vamos, dados, me deem um seis!

Tinha 15 anos, Henry tinha 16 e ficou fascinado, totalmente caído, como aqueles desenhos em que o Cupido atira uma flecha com um *boinnngg*! Talvez você não considere romântico um lance de dados, e esse talvez não fosse um modo adequado de um Homem de Deus encontrar um amor duradouro. Aos 19 anos, quando foi para a cadeia, Henry disse a Annette:

– Não estou contando que você vá esperar sete anos.

E ela respondeu:

– Mesmo que fossem 25 anos, eu esperaria.

Então, quem sabe dizer como é um amor duradouro?

Todos os fins de semana, durante o tempo em que Henry

esteve preso, Annette pegava um ônibus que saía da cidade por volta da meia-noite e demorava seis horas para chegar ao norte do estado de Nova York. Ela estava lá quando o sol nascia, e, quando começavam as horas de visita, ela e Henry davam as mãos, jogavam cartas e conversavam até que se encerrasse o momento de convívio. Apesar da programação exaustiva, raramente ela perdia algum fim de semana. Mantinha o ânimo dele dando-lhe algo para esperar do futuro.

Enquanto Henry estava na prisão, sua mãe lhe mandou uma carta que dizia que se ele não ficasse com Annette, "poderia encontrar outra mulher, mas nunca sua esposa".

Casaram quando ele saiu, numa cerimônia simples na igreja Monte Moriah. Na época, ele era magro, bonito e alto; ela usava franja, e seu sorriso brilhava nas fotos do casamento. Houve uma recepção numa boate chamada Sagittarius. Passaram o fim de semana num hotel no bairro onde ficavam as confecções. Na segunda de manhã, Annette estava de volta ao trabalho.

Ela estava com 22 anos. Henry, com 23. Em um ano perderiam um bebê, perderiam um emprego, e veriam o aquecedor do apartamento explodir no inverno, deixando-os com lâminas de gelo pendendo do teto.

E então começaria o verdadeiro problema.

~ O REBBE DIZIA QUE UM BOM casamento deveria suportar tribulações, e isso acontecera com o de Henry e Annette. Mas, no início, as "tribulações" eram abuso de drogas, crime e fuga da polícia. Nada a ver com *Um violinista no telhado*. Tanto Henry quanto Annette tinham sido viciados, e se desintoxicaram quando Henry saiu da prisão. Mas depois que o bebê morreu, o aquecedor explodiu e Annette perdeu o emprego – e, falido, Henry viu seu irmão traficante com um gordo rolo de notas de 100 dólares –, eles voltaram à vida antiga e se afundaram completamente. Henry vendia drogas em festas. Vendia-as em sua própria casa. Logo os fregueses eram tão numerosos que ele os fazia esperar na esquina, e vinha um de cada vez. Ele e Annette se tornaram alcoólatras e usuários de drogas pesadas, e viviam com medo da polícia e dos traficantes rivais. Uma noite, Henry foi levado de carro por uns traficantes de Manhattan, num passeio que ele achou que poderia terminar com a morte. Annette ficou esperando com uma arma na mão, para o caso de ele não voltar.

Mas quando Henry finalmente chegou ao fundo do poço – naquela noite atrás das latas de lixo – Annette também chegou.

– O que impede você de ir para Deus? – perguntou Henry naquela manhã de Páscoa.

– Você – ela admitiu.

Na semana seguinte, ele e Annette se livraram das drogas e das armas. Jogaram fora a parafernália. Voltaram à igreja e começaram a ler a Bíblia todas as noites. Lutavam contra fraquezas periódicas e se ajudavam mutuamente a persistir.

Uma manhã, alguns meses depois do início dessa reabilitação, houve uma batida à porta. Era muito cedo. Uma voz de homem disse que queria comprar algum produto.

Na cama, Henry gritou para ele ir embora, que não fazia mais isso. O homem insistiu. Henry gritou:

– Não tem nada aqui!

O homem continuou batendo. Henry saiu da cama, enrolou-se num lençol e foi até a porta.

– Eu lhe disse...

– Não se mexa! – berrou uma voz.

Henry estava olhando para cinco policiais armados.

– Fique de lado – disse um deles.

Passaram por sua porta. Mandaram Annette ficar imóvel. Revistaram o lugar de cima a baixo, alertando o casal de que, se tivesse algo incriminador, era melhor dizer imediatamente. Henry sabia que tudo tinha ido embora, mas seu coração disparou. *Será que deixei de ver alguma coisa?* Olhou em volta. *Nada aqui. Nada ali...*

Ah, não.

De repente não conseguiu engolir. Era como se tivesse uma bola de beisebol na garganta. Sobre uma mesinha de canto, um em cima do outro, havia dois caderninhos vermelhos. Um, Henry sabia, continha versículos do livro dos Provérbios da Bíblia, que ele anotava todas as noites. O outro era mais antigo. Continha nomes e quantias em dólar relativas a centenas de transações com drogas.

Ele apanhara o caderno velho para destruí-lo. Agora o caderno poderia destruí-lo. Um policial foi até lá. Levantou um dos cadernos e abriu. Os joelhos de Henry bambearam. Seus pulmões martelavam. Os olhos do homem percorreram a página. Depois, ele jogou o caderno na mesa e foi em frente.

Aparentemente, os provérbios não lhe interessavam.

Uma hora depois, quando a polícia partiu, Henry e Annette queimaram imediatamente o caderno antigo e passaram o resto do dia agradecendo a Deus.

O QUE VOCÊ FARIA se o seu clérigo lhe contasse histórias assim? Havia uma parte minha que admirava a honestidade de Henry e outra que sentia que sua lista de maus comportamentos deveria desqualificá-lo para o púlpito. Mesmo assim, eu o ouvira pregar várias vezes, citando o livro dos Atos, as Bem-Aventuranças, Salomão, a rainha Ester e Jesus dizendo aos seus discípulos que "aquele que perder a vida por mim irá encontrá-la de novo". O canto gospel de Henry era inspirado e envolvente. E ele estava sempre na igreja ou em seu escritório no segundo andar – uma sala comprida e estreita com uma mesa de reuniões deixada pelos ocupantes anteriores – ou no pequeno ginásio mal iluminado. Uma tarde, entrei no santuário sem me anunciar, e ele estava sentado ali, de mãos cruzadas, os olhos fechados em oração.

Antes que o tempo esfriasse, ocasionalmente Henry cozinhava numa grelha do lado de fora da igreja: frango, camarão, qualquer coisa que doassem. Dava a qualquer um que estivesse com fome. Às vezes ele até pregava em cima de um pequeno muro de concreto meio desmoronado, do outro lado da rua.

– Espalhei a palavra de Deus tanto de cima daquele muro – disse Henry um dia – quanto de dentro da igreja.

Por quê?

– Porque algumas pessoas não estão preparadas para entrar. Talvez sintam-se culpadas, por causa do que estão fazendo. Por isso, vou até lá, levo sanduíches para elas.

Tipo entrega a domicílio?

– É. Só que a maioria delas não tem domicílio.

E algumas usam drogas?

– Ah, sim. Mas algumas das pessoas que vêm aos domingos também usam.

Está brincando. Durante o culto?

– Aahh, é. Eu olho direto para elas. Dá para ver aquela cabeça balançando, chacoalhando, e eu logo penso: "Ã-hã, alguém usou alguma coisa forte."

Isso não o incomoda?

– De jeito nenhum. Sabe o que digo a eles? Não me importa se você está bêbado ou se acabou de sair da boca de fumo, não me importa. Quando estou doente, vou ao hospital. E se o problema continuar, vou de novo. Assim, independentemente do que estiver fazendo mal a você, que esta igreja seja seu hospital. Até você se curar, não pare de vir.

Examinei o rosto largo e suave de Henry.

Posso perguntar uma coisa?

– Claro.

O que você roubou daquela sinagoga?

Ele soltou o ar e riu.

– Acredite ou não: envelopes.

Envelopes?

– Isso. Eu era só um adolescente. Uns caras mais velhos já tinham arrombado o lugar e roubado tudo de valor. Só encontrei uma caixa com envelopes. Peguei e saí correndo.

Você nem se lembra do que fez com eles?

– Não. Não lembro mesmo.

Olhei-o, olhei para a sua igreja e me perguntei se a vida de um homem pode realmente fazer sentido para outro.

~

Levo para casa uma caixa cheia dos sermões antigos do Rebbe. Folheio-os. Há um, dos anos 1950, sobre "O propósito de uma sinagoga" e um dos anos 1960 chamado "O choque de gerações".

Vejo um intitulado "Pingos de chuva na minha cabeça". É de fins dos anos 1970. Leio-o. Fico pasmo.

É um apelo para consertar o telhado que está caindo.

"Nosso telhado derrama lágrimas copiosas depois de cada chuva", escreveu o Rebbe. Contou sobre estar sentado no santuário quando

uma "telha encharcada" caiu e deixou de acertá-lo por pouco e sobre uma festa de casamento em que dois dias de chuva "criaram um molho indesejável para o frango". Durante um culto matinal, ele tivera de pegar uma vassoura e bater numa telha torta para que a água da chuva escorresse.

No sermão, ele instigava os fiéis a dar mais, com o objetivo de impedir que sua casa de adoração literalmente ruísse.

Penso no pastor Henry e em seu buraco no telhado. É a primeira vez que vejo uma ligação. Uma igreja do centro da cidade. Uma sinagoga de subúrbio.

E mais uma vez nossa congregação acabou dando o dinheiro. E Henry nem podia pedir à sua.

Novembro

Sua crença, minha crença

QUANDO EU ERA ADOLESCENTE, um sermão do Rebbe me fez rir. Leu uma carta de agradecimento de outro clérigo. No fim, estava assinado: "Que o seu deus e o nosso deus o abençoem."

Ri da ideia de que dois Todo-Poderosos pudessem receber a mesma mensagem. Era novo demais para perceber os tons mais pesados dessa distinção.

Assim que me mudei para o Meio-Oeste – para uma área que alguns apelidavam de "Cinturão Bíblico do Norte" –, a questão ficou mais séria. Estranhos me diziam "Deus o abençoe" na mercearia. O que eu deveria responder? Entrevistei atletas que creditavam a seu "Senhor e salvador, Jesus Cristo" as vitórias conquistadas. Trabalhei em projetos voluntários com hindus, budistas e católicos. E como a área metropolitana de Detroit afirma ter a maior população árabe fora do Oriente Médio, as questões muçulmanas faziam parte da vida. Discutia-se, por exemplo, por que uma mesquita local transmitia o *Adhan*, o chamado diário às preces, num bairro de maioria polonesa onde ressoavam sinos de igrejas.

Em outras palavras, "Que o seu deus e o nosso deus o abençoem" – e quem seria abençoado pelo deus de quem – deixou de ter graça e passou a ser para mim uma questão controvertida. Eu me peguei ficando em silêncio. Quase me escondendo. Acho que muitas pessoas de minorias religiosas fazem isso. Uma das razões que me afastaram da minha crença foi não querer me sentir na defensiva com relação a ela. Olhando para trás, é um motivo patético, mas verdadeiro.

NUM DOMINGO, não muito antes do Dia de Ação de Graças, peguei o trem para Nova York, entrei na casa do Rebbe, cumprimentei-o com um abraço e o segui até o escritório, seu andador de metal abrindo caminho. Agora o andador tinha um pequeno cesto na frente, com alguns livros e, por algum motivo, um maracá vermelho feito de cabaça.

– Descobri que, quando o andador fica parecido com um carrinho de compras – disse o Rebbe com ar maroto –, a congregação se sente mais confortável.

Agora seu pedido do discurso fúnebre parecia um trabalho de final de semestre na minha mente. Em algumas visitas eu sentia que dispunha de uma eternidade para terminá-lo; em outras, era como se tivesse apenas dias, nem mesmo semanas. Hoje, o Rebbe parecia bem, os olhos límpidos e a voz forte, o que me tranquilizou. Assim que nos sentamos, contei-lhe sobre o fundo de caridade para os moradores de rua e até sobre a missão cristã onde eu tinha passado a noite.

Não tinha certeza se deveria mencionar uma missão cristã a um rabino e, no momento em que falei, me senti como um traidor. Lembrei-me de uma história que o Rebbe contara uma vez, sobre quando tinha levado sua avó, nascida no Velho Mundo, a um jogo de beisebol. Quando todos pularam e aplaudiram um lance especial, ela permaneceu sentada. Ele se virou e perguntou por que ela não estava aplaudindo o grande feito. E ela respondeu em iídiche:

– Albert, isso é bom para os judeus?

Logo vi que minha preocupação era desnecessária. O Rebbe não fez esse tipo de julgamento.

– Nossa crença nos diz para realizar atos de caridade e ajudar os pobres de nossa comunidade – disse ele. – Isso é ser justo, não importa quem você ajude.

LOGO PASSAMOS PARA um debate mais fundamental. Como religiões diferentes podem coexistir? Se uma acredita numa determinada coisa e outra acredita numa coisa diferente, como as duas podem estar corretas? E uma religião tem o direito – até mesmo a obrigação – de tentar converter a outra?

O Rebbe convivera com essas questões durante toda a sua vida profissional.

– No início dos anos 1950 – lembrou – as crianças de nossa congregação costumavam envolver seus livros judaicos com papel pardo antes de entrar no ônibus. Lembre-se, para muitas pessoas daqui nós éramos os primeiros judeus que elas viam.

Isso criou algumas situações estranhas?

Ele deu um risinho.

– Ah, sim. Lembro-me de uma vez em que uma mulher da congregação me procurou toda preocupada, porque tinham chamado seu filho, o único menino judeu da turma na escola, para fazer um papel na peça de Natal. E seu papel era de Jesus.

– Então fui falar com a professora. Expliquei o dilema. E ela disse: "Mas foi *por isso* que nós o escolhemos, rabino. Porque Jesus era *judeu*!"

Lembrei-me de incidentes semelhantes. Na escola primária, eu era deixado de fora das grandes produções coloridas das peças natalinas. Em vez disso, tinha de me juntar às poucas crianças judias no palco, cantando a canção do Chanuca,

"Dreidel, Dreidel, Dreidel, Eu o fiz de barro". Nós nos dávamos as mãos e girávamos em círculo, imitando uma roda de oleiro. Sem adereços. Sem figurinos. No fim da música, todos caíamos no chão.

Juro que eu via alguns pais gentios escondendo o riso.

É POSSÍVEL GANHAR uma discussão religiosa? De quem é o Deus melhor? De quem é a Bíblia certa ou errada? Eu preferia personagens como Rajachandra, o poeta indiano que influenciou Ghandi ao ensinar que nenhuma religião era superior porque todas levavam as pessoas para mais perto de Deus. Preferia o próprio Ghandi, que interrompia um jejum com orações hindus, citações muçulmanas ou um hino cristão.

No correr dos anos, o Rebbe viveu suas crenças, mas jamais tentou converter ninguém a elas. Como regra geral, o judaísmo não busca novos adeptos. Na verdade, a tradição é a primeira a desencorajar isso, enfatizando as dificuldades e sofrimentos que a religião tinha suportado.

O mesmo não acontece com todas as religiões. Através da história, milhões de pessoas foram mortas por não se converterem, não aceitar outro deus ou não negar suas crenças. O rabino Akiva, o famoso erudito do século II, foi torturado até a morte pelos romanos por se recusar a abrir mão de seus estudos religiosos. Enquanto rasgavam sua carne com pentes de ferro, ele sussurrou suas últimas palavras na Terra: "Ouça, ó Israel, o Senhor nosso Deus, o Senhor é Um." Ele morreu com a palavra "um" nos lábios.

ESSA ORAÇÃO – e a palavra "um" – era fundamental na crença do Rebbe. Um, ou seja, o Deus singular. Um, como na criação do Senhor, Adão.

– Pergunte a você mesmo: "Por que Deus criou apenas um homem?" – disse o Rebbe balançando um dedo. – Por que, se ele pretendia que houvesse crenças brigando umas com as outras, não as criou desde o início? Ele criou árvores, certo? Não uma árvore, mas inúmeras árvores. Por que não fez o mesmo com o homem?

"Porque todos descendemos de um único homem e todos descendemos daquele único Deus. Esta é a mensagem."

Então, perguntei, por que o mundo é tão dividido?

– Bom, você gostaria que o mundo fosse todo parecido? Não. A genialidade da vida está na variedade.

"Mesmo na nossa crença, temos perguntas e respostas, interpretações, debates. No cristianismo, no catolicismo, em outras religiões, acontece o mesmo: debates, interpretações. Esta é a beleza. É como ser músico. Se você encontrasse *a* nota e tocasse essa nota o tempo todo, ficaria louco. É a mistura das diferentes notas que faz a música."

A música de quê?

– De acreditar em alguma coisa maior do que você.

Mas, e se alguém de outra fé não reconhecer a sua? Ou se quiser que você seja morto por isso?

– Isso não é fé. Isso é ódio. – Ele suspirou. – E se você me perguntar, acho que Deus fica sentado lá em cima, chorando, quando isso acontece.

ELE TOSSIU. DEPOIS, como se quisesse me tranquilizar, sorriu. Agora tinha ajudantes em tempo integral em casa; entre eles, uma mulher alta, de Gana, e um russo corpulento. Nos dias de semana, havia uma adorável hindu de Trinidad, chamada Teela. Ela o ajudava a se vestir e a fazer alguns exercícios leves de manhã, preparava as refeições e o levava de carro ao supermercado e à sinagoga. Às vezes tocava músicas religiosas hindus no som do carro. O Rebbe gostava e pedia uma tradução. Quando ela falou sobre sua crença na reencarnação, ele fez perguntas e pediu desculpas por não conhecer mais sobre o hinduísmo.

Como o senhor, um clérigo, pode ter a mente tão aberta?, perguntei.

– Olhe. Eu sei no que acredito. Está na minha alma. Mas digo constantemente ao nosso povo: vocês deveriam estar convencidos da *autenticidade* do que têm, mas também devem ser suficientemente humildes para dizer que não sabemos tudo. E como não sabemos tudo, devemos aceitar que outra pessoa acredite em outra coisa.

Ele suspirou.

– Não estou sendo original, Mitch. A maioria das religiões ensina a amar o próximo.

Naquele momento, pensei em quanto o admirava. Como ele jamais, nem mesmo em particular, nem mesmo na velhice, tentava atacar outra crença ou falar mal da devoção de outra pessoa. E percebi que tinha sido meio covarde nesse negócio de fé. Deveria ter sido um pouco mais orgulhoso, menos intimidado. Não deveria ter mordido a língua e me calado. Se a única coisa errada com Moisés é que ele não é seu; se a única coisa errada com Jesus é que ele não é seu; se a única coisa errada com mesquitas, Páscoa, cantos, Meca, Buda, confissão ou reencarnação é que essas coisas não são suas – bom, talvez o problema seja você.

Mais uma pergunta?, pedi ao Rebbe.

Ele assentiu.

Quando alguém de outra crença diz "Deus o abençoe", o que o senhor responde?

– Digo: "Obrigado, e que Deus o abençoe também."

Verdade?

– Por que não deveria dizer isso?

Já ia responder quando percebi que não tinha resposta. Nenhuma.

~

Leio histórias e parábolas budistas.

Uma fala de um fazendeiro que acorda e descobre que seu cavalo fugiu.

Os vizinhos vêm e dizem:

– Que pena. Que azar terrível!

O fazendeiro responde:

– Talvez.

No dia seguinte, o cavalo retorna com mais alguns cavalos. Os vizinhos dão os parabéns ao fazendeiro pela mudança na sorte.

– Talvez – diz o fazendeiro.

Quando seu filho tenta montar um dos cavalos novos, quebra a perna, e os vizinhos se condoem.

– Talvez – diz o fazendeiro.

E no dia seguinte, quando autoridades vêm alistar o filho – e não o levam por causa da perna quebrada – todo mundo fica feliz.

– Talvez – diz o vizinho.

Já ouvi histórias assim antes. São lindas em sua simplicidade e entrega ao Universo. Imagino se eu poderia me apegar a algo de tamanho desapego. Não sei. Talvez.

As coisas que encontramos

DEPOIS DE SAIR DA CASA do Rebbe, parei na sinagoga, procurando informações sobre nosso primeiro prédio, nos anos 1940.

– Isso deve estar nos nossos arquivos – dissera-me uma mulher ao telefone.

Eu não sabia que existiam arquivos, eu tinha respondido.

– Temos arquivos sobre tudo. Temos uma pasta sobre você.

Está brincando. Posso ver?

– Pode ficar com ela, se quiser.

AGORA, EU ENTRAVA NO SAGUÃO. A escola religiosa ainda estava funcionando, e havia crianças em toda parte. As meninas pré-adolescentes andavam desajeitadas e muito conscientes de si, e os meninos corriam pelos corredores com a mão na cabeça para impedir que os quipás caíssem.

Nada tinha mudado, pensei.

Em geral, isso faria com que eu me sentisse superior. Eu tinha voado para longe, enquanto as pobres crianças da minha cidade natal continuavam fazendo a mesma coisa. Mas, desta vez, não sei por que, senti apenas uma distância vazia.

Oi, cumprimentei uma mulher atrás do balcão. Meu nome é...

– Venha, nós conhecemos você. Aqui está a pasta.

Pisquei. Eu tinha quase esquecido que minha família fazia parte daquele local havia quatro décadas.

– Obrigado, eu disse.

– De nada.

Peguei a pasta e fui para casa, ou para o lugar que agora eu chamava de lar.

NO AVIÃO ME RECOSTEI e soltei um elástico que prendia o conteúdo da pasta. Refleti sobre minha vida desde os tempos de Nova Jersey. Meus planos de rapaz – meus sonhos de "cidadão do mundo" – se realizaram até certo ponto. Tinha amigos em diferentes fusos horários. Tinha livros publicados em línguas estrangeiras. Tivera muitos endereços no correr dos anos.

Mas é possível tocar tudo e não se ligar a nada. Eu conhecia aeroportos melhor do que bairros vizinhos. Conhecia mais pessoas que moravam em outros códigos de área do que no meu quarteirão. A "comunidade" à qual tinha me juntado era a do espaço de trabalho. Amigos surgiam por causa do trabalho. A conversa era sobre trabalho. A maior parte da minha vida social era ligada ao trabalho.

E nos últimos meses, esses pilares vinham caindo. Amigos eram demitidos. Corte de pessoal. Entravam para o programa de demissão voluntária. Escritórios fechavam. Pessoas que sempre tinham estado num lugar já não se encontravam mais quando você ligava. Mandavam e-mails dizendo que estavam explorando "opções novas e empolgantes". Nunca acreditei no "empolgante".

E sem a ligação feita pelo trabalho, os elos humanos se soltavam, como ímãs que perdessem a atração. Prometíamos manter contato, mas as promessas não eram cumpridas. Algumas pessoas se comportavam como se o desemprego fosse contagioso. De qualquer modo, sem os assuntos comuns do trabalho – as reclamações, as fofocas –, o que mais havia para falar?

QUANDO DERRAMEI o conteúdo da minha pasta pessoal na mesinha do avião, encontrei cartões de relatório, papéis antigos, até uma peça escolar religiosa que escrevi na quarta série, sobre a rainha Ester:

> MORDECAI: Ester!
> ESTER: Sim, tio?
> MORDECAI: Vá ao castelo.
> ESTER: Mas não tenho roupa para usar!

Também havia cópias de cartas de parabéns do Rebbe – algumas escritas à mão – mandadas quando entrei na faculdade ou quando fiquei noivo. Senti vergonha. Ele tentara manter contato através daqueles bilhetes. E eu nem me lembrava de tê-los recebido.

Pensei nas minhas ligações na vida. Pensei em amigos de trabalho que foram demitidos ou que tinham ido embora devido a doenças. Quem os confortava? Quem tinham procurado? Não a mim. Não os ex-chefes.

Na maioria das vezes, eles eram ajudados por suas igrejas ou seus templos. Os membros das congregações faziam coletas. Preparavam refeições. Davam dinheiro para pagar as contas. Faziam essas coisas com amor, empatia e a convicção de que isso era parte da base de apoio de uma "comunidade sagrada", como aquelas das quais o Rebbe falava, como aquela à qual eu acho que pertencera um dia, mesmo que não percebesse.

O avião pousou. Recolhi os papéis, enrolei-os de novo no elástico e senti uma ponta de tristeza, como alguém que descobre, ao voltar de uma viagem, que algo foi deixado para trás e não há como recuperar.

Dia de Ação de Graças

O OUTONO SE RENDEU rapidamente em Detroit, e, no que pareceram minutos, as árvores estavam nuas e a cor foi sugada para fora da cidade, reduzindo-a a um lugar estéril de concreto sob um céu leitoso e nevascas precoces. Fechávamos as janelas do carro. Usávamos os casacos pesados. Nossa taxa de desemprego estava indo para as nuvens. As pessoas não conseguiam pagar suas casas. Algumas simplesmente faziam as malas e saíam, deixando todo o seu mundo para os banqueiros e rapineiros. Ainda era novembro. Um longo inverno estava por vir.

Numa terça-feira antes do Dia de Ação de Graças, passei pelo Ministério Sou o Guardião do Meu Irmão, para ver seu programa dedicado aos moradores de rua. Ainda não me sentia totalmente à vontade com o pastor Henry. Tudo em sua igreja era diferente – pelo menos para mim. Mas o que o Rebbe dissera ressoava: é possível abraçar a autenticidade de sua fé e ainda assim aceitar que outros acreditem em coisas diferentes.

Além disso, havia essa coisa toda de comunidade – afinal, Detroit *era* minha cidade. Assim dei minha pequena contribuição. Ajudei Henry a comprar uma lona azul que foi estendida sobre a parte do telhado onde havia vazamentos, de modo que pelo menos o santuário não fosse inundado. Consertar o telhado era um serviço muito maior, que custaria uns 80 mil dólares, segundo um empreiteiro.

– Uau – dissera Henry ao saber da avaliação. Oitenta mil dólares era mais do que sua igreja vira em anos. Eu me senti mal, por ele. Mas esse dinheiro teria de vir de uma fonte mais comprometida. Uma lona – uma pequena contribuição – era o bastante da minha parte.

SAÍ DO CARRO E UM VENTO gelado acertou minhas bochechas. Com o programa para moradores de rua em pleno funcionamento, a entrada lateral estava repleta de homens enrolados em roupas por causa do frio. Dois deles fumavam. Notei um homem magro segurando uma criança, mas quando cheguei mais perto vi que, sob o gorro de esquiador, estava uma mulher. Mantive a porta da igreja aberta, e ela passou à minha frente, com a criança no colo.

Dentro, ouvi um zumbido alto e penetrante, como de motores pequenos, e depois uma voz gritando. Virei para a passarela acima do ginásio. Estava cheio de mesas dobráveis, e havia uns oitenta homens e mulheres sentados em volta delas. Usavam casacos velhos e suéteres com capuz. Alguns tinham parcas; um usava uma jaqueta do time dos Detroit Lions.

No meio do salão, Henry, de suéter azul e sobretudo pesado, movia-se entre as mesas, mudando o peso de um pé para o outro.

– Eu sou alguém! – ele gritou.

– Eu sou alguém! – repetiu a multidão.

– Eu *sou* alguém! – ele gritou de novo.

– Eu *sou* alguém! – todos repetiram no mesmo tom.

– Porque Deus me ama!

– Porque Deus me ama!

Algumas pessoas bateram palmas. Henry soltou o ar e assentiu. Um a um, muitos dos participantes se levantaram, formaram um círculo e se deram as mãos. Uma oração foi recitada.

Então, como se houvesse uma deixa, o círculo se rompeu e uma fila se formou indo em direção à cozinha e a alguma coisa quente para comer.

APERTEI MEU SOBRETUDO. Sentia um frio incomum.

– 'Noite, senhor Mitch.

Olhei e vi Cass, o presbítero de uma perna só, sentado na passarela, segurando uma prancheta. Pelo modo como me cumprimentou, esperei que levasse a mão ao boné. Eu ficara sabendo que Cass tinha perdido a perna alguns anos antes, devido a complicações do diabetes e de uma cirurgia cardíaca. Mesmo assim, ele estava sempre animado.

Oi, Cass.

– O pastor está lá embaixo.

Henry levantou a cabeça e fez um breve aceno. Cass me viu acenar de volta.

– Quando vai ouvir *minha* história, senhor Mitch?

Você também tem uma história?

– Tenho uma história que o senhor precisa ouvir.

Acho que posso esperar alguns dias.

Ele riu.

– Não, não. O senhor precisa ouvir. É importante.

Certo, Cass. Vamos pensar num jeito.

Isso pareceu aplacá-lo, e felizmente ele desistiu do assunto. Estremeci e apertei mais o sobretudo.

Está realmente frio aqui, eu disse.

– Desligaram o aquecimento.

Quem?

– A companhia de gás.

Por quê?

– Por que seria? Acho que a conta não foi paga.

O zumbido era ensurdecedor. Precisávamos gritar para sermos ouvidos.

O que é isso? perguntei.

– Aquecedores.

Ele apontou para várias máquinas que pareciam birutas amarelas, empurrando ar quente para os moradores de rua que esperavam na fila por um cozido e um pão de milho.

Realmente desligaram o aquecimento de vocês?

– Foi.

Mas o inverno vem aí.

– Verdade – disse Cass, olhando as pessoas embaixo. – Logo vai chegar muito mais gente.

TRINTA MINUTOS DEPOIS, em seu escritório, Henry e eu nos esprememos perto de um aquecedor portátil. Alguém entrou e nos estendeu um prato de papel com pão de milho.

O que aconteceu?, perguntei.

Henry suspirou.

– Por acaso nós devemos 37 mil dólares à companhia de gás.

O quê?

– Eu sabia que estávamos atrasados, mas eram quantias pequenas. Sempre conseguíamos pagar alguma coisa. Até que neste outono ficou frio depressa demais, e nós começamos a aquecer a igreja para os cultos e estudos bíblicos. Não percebemos que o buraco no teto...

Estava sugando o calor para cima?

– Para cima e para fora. Continuamos a aquecer mais...

E o calor continuou desaparecendo pelo telhado.

– Desaparecendo. – Ele assentiu. – Essa é a palavra.

O que vão fazer agora?

– Bom, temos aquecedores. A princípio eles cortaram nossa eletricidade também. Mas eu implorei que deixassem alguma coisa.

Eu não podia acreditar. Frio em uma igreja dos Estados Unidos, no século XXI.

Como você explica isso com sua fé?, eu quis saber.

– Pergunto isso um bocado a Jesus – disse Henry. – Digo: Jesus, há alguma coisa acontecendo com a gente? É o que está no livro do Deuteronômio, capítulo 28: "Você será amaldiçoado na cidade e será amaldiçoado no campo" por viver em desobediência?

E o que Jesus responde?

–Ainda estou rezando. Digo: "Deus, nós precisamos vê-lo."

Ele suspirou.

– Por isso aquela lona que você nos deu foi tão importante, Mitch. Nosso povo precisava de um vislumbre de esperança. Na semana passada choveu, e a água jorrou no santuário; nesta semana choveu, e ela não jorrou. Para eles, isso é um sinal.

Eu me encolhi. Não queria fazer parte de um sinal. Não em uma igreja. Era só uma lona. Um pedaço de plástico azul.

Posso perguntar uma coisa?

– Claro.

Quando você vendia drogas, quanto dinheiro tinha?

Ele esfregou a mão na nuca.

– Cara. Sabe, numa época, ganhei em um ano e meio mais ou menos meio milhão de dólares.

E agora o gás foi desligado?

– É – ele disse baixinho. – Agora o gás foi desligado.

Não perguntei se ele sentia saudade daqueles tempos. Quando penso naquela conversa, me dou conta de já tinha sido suficientemente cruel ter feito a primeira pergunta.

MAIS TARDE, QUANDO os pratos tinham sido retirados, e as mesas, dobradas, Cass chamou as pessoas cujos nomes estavam escritos na prancheta:

– Everett!... DeMarcus!... – e um a um os chamados foram se levantando e pegando um fino colchonete de vinil e um único cobertor de lã. Lado a lado, a menos de um metro um do outro, eles se ajeitaram para passar a noite. Alguns carregavam sacos plásticos para lixo, com suas posses, outros tinham apenas a roupa do corpo. Fazia um frio de rachar, e a voz de Cass ecoava no teto do ginásio. A maioria dos homens estava silenciosa, como se esse fosse o momento em que realmente percebessem: nenhum lar, nenhuma cama, nenhum boa-noite de uma esposa ou de um filho.

As ventoinhas rugiam.

UMA HORA DEPOIS, TENDO terminado o trabalho, Cass levantou-se com a ajuda das muletas e foi mancando até o vestíbulo. As luzes no ginásio foram diminuídas. Os homens iriam dormir.

– Lembre-se, da próxima vez eu conto *minha* história.

Certo, claro, Cass.

Minhas mãos estavam enfiadas nos bolsos, os braços e o tronco tremiam. Eu não conseguia imaginar como aqueles homens conseguiam dormir naquele frio, embora a alternativa fosse passar a noite sob uma marquise ou num carro abandonado.

Eu já ia embora quando percebi que tinha deixado um bloco de anotações na sala de Henry. Subi a escada, mas a porta estava fechada. Desci de novo.

Na saída, dei uma última olhada no ginásio. Ouvi o zumbido constante dos aquecedores e vi os volumes escuros sob os cobertores, alguns parados, alguns se mexendo ligeiramente. É difícil expressar o que me bateu naquele instante, a não ser o pensamento de que cada um daqueles volumes era um homem, que cada homem já fora uma criança, cada criança já fora embalada pela mãe, e agora isto: um frio piso de ginásio no fundo do mundo.

Perguntei-me como – mesmo que tivéssemos sido desobedientes – isso não partia o coração de Deus.

Meu olhar captou um movimento do outro lado. Uma figura grande e solitária estava sentada no escuro. O pastor Henry ficaria ali por várias horas, olhando aquelas pessoas como uma sentinela, até que chegasse o cara que passaria a noite. Então ele se levantaria com dificuldade, caminharia até a entrada lateral e tomaria o rumo de casa.

Tive uma ânsia súbita de ir para minha cama quente. Passei pela porta e pisquei, porque tinha começado a nevar.

Andei um quilômetro com o Prazer;
Ele conversou o tempo todo;
Mas não me deixou nem um pouco
mais sábio
Apesar de tudo o que disse.

Andei um quilômetro com a Tristeza,
E ela não disse uma palavra;
Mas, ah! As coisas que aprendi
Quando a Tristeza andou comigo!

ROBERT BROWNING HAMILTON

O fim do outono

– ALGUMA COISA aconteceu.

Era a filha do Rebbe, Gilah, que tinha ligado para o meu celular, coisa que ela só faria se houvesse algum problema. Disse que o Rebbe tinha sofrido talvez um derrame, talvez um ataque cardíaco. Ele se desequilibrava, tombando para a direita. Não conseguia se lembrar de nomes. A fala estava confusa.

Tinha sido internado. Estava no hospital havia alguns dias. As pessoas estavam discutindo as "alternativas".

Ele vai...?, perguntei.

– Nós não sabemos – ela respondeu.

Desliguei e telefonei para a companhia aérea.

ERA MANHÃ DE DOMINGO quando cheguei à casa deles. Sarah me recebeu. Apontou para o Rebbe, sentado numa espreguiçadeira perto dos fundos do escritório.

– Você deve saber que – disse ela, em voz baixa – ele não está muito...

Assenti.

– Al? – ela anunciou. – Você tem uma visita.

Falou alto e devagar o suficiente para que eu percebesse que as coisas tinham mudado. Aproximei-me do Rebbe e ele virou a cabeça. Levantou o queixo ligeiramente, conseguiu dar um pequeno sorriso e levantou uma das mãos, mas não acima do peito.

– Ahh – disse soltando o ar.

Estava enfiado debaixo de um cobertor. Usava uma camisa de flanela. Uma espécie de apito estava pendurado por um cordão no pescoço.

Inclinei-me sobre o Rebbe. Rocei meu rosto no dele.

– Ehh... mmm... Mitch – ele sussurrou.

Como o senhor está?

Era uma pergunta idiota.

– Não é... – ele começou. Depois parou.

Não é...?

Ele fez uma careta.

Não é o *melhor* dia da sua vida? Eu completei. Uma tentativa desajeitada de fazer graça.

Ele ensaiou um sorriso.

– Não – disse ele – Eu queria dizer... isso...

Isso?

– Onde... ver... ah...

Engoli em seco. Meus olhos se encheram de lágrimas.

O Rebbe estava sentado na poltrona.

Mas o homem que eu conhecia tinha ido embora.

O QUE VOCÊ FAZ quando uma pessoa amada vai embora depressa demais? Quando você não tem tempo de se preparar antes que, de repente, essa alma parta?

Ironicamente, o homem que poderia responder melhor a essa pergunta estava sentado à minha frente.

Porque a pior perda que se pode sofrer já acontecera com ele.

Foi em 1953, apenas poucos anos depois de iniciar seu trabalho no templo. Ele e Sarah tinham uma família em crescimento: o filho mais velho, Shalom, estava com 5 anos, e as gêmeas, Orah – cujo nome significa "luz" – e Rinah – "alegria" –, com 4.

Numa única noite perdeu-se a alegria.

A pequena Rinah, uma menina alegre de cabelos castanhos encaracolados, começou a ter dificuldade de respirar. Deitada na cama, ofegava e chiava. Sarah ouviu o barulho, foi verificar e voltou correndo:

– Al – disse rapidamente –, temos de levá-la ao hospital.

Enquanto seguiam de carro no escuro, a menininha lutava terrivelmente. Suas vias aéreas incharam e se contraíram no peito. Os lábios estavam ficando azuis. Nada assim jamais acontecera. O Rebbe pisou no acelerador.

Entraram correndo na emergência do hospital Nossa Senhora de Lourdes em Camden, Nova Jersey. Os médicos levaram a criança rapidamente para um quarto. Depois veio a espera. Os dois ficaram sozinhos. O que poderiam fazer? O que se pode fazer?

No corredor silencioso, Albert e Sarah rezavam pela vida da filha.

Horas depois, ela estava morta.

FOI UM GRAVE ATAQUE de asma, o primeiro e último da vida de Rinah. Hoje, muito provavelmente, ela teria sobrevivido. Com um inalador e instruções adequadas poderia nem ter sido um incidente importante.

Mas hoje não é ontem, e o Rebbe não pôde fazer nada senão ouvir as piores palavras imagináveis – *Não pudemos salvá-la* – ditas por um médico que ele via pela primeira vez. Como isso podia acontecer? Rinah estava perfeitamente normal naquele dia, uma criança brincalhona, com toda a vida pela frente. *Não pudemos salvá-la?* Onde está a lógica, a ordem da vida?

Os dias seguintes foram um borrão. Houve um enterro, um caixão pequeno. Junto à sepultura, o Rebbe rezou o kadish, uma oração que fizera por tantos outros, uma oração que jamais fala da morte, mas que é recitada no aniversário da morte, todos os anos seguintes.

– Que o grande nome de Deus seja glorificado e santificado por todo o mundo que Ele criou...

Uma pequena pá de terra foi jogada na sepultura.

Rinah foi enterrada.

O Rebbe tinha 36 anos.

– EU AMALDIÇOEI DEUS – admitiu quando falamos sobre isso. – Perguntei repetidamente: "Por que ela? O que essa menininha fez? Tinha só 4 anos. Não fez mal a ninguém."

O senhor teve alguma resposta?

– Até hoje não tenho.

Isso o deixou com raiva?

– Durante um tempo fiquei furioso.

O senhor sentiu culpa por amaldiçoar Deus, logo o senhor?

– Não. Porque ao fazer isso eu estava reconhecendo que existia um poder maior do que eu.

Ele fez uma pausa.

– E foi assim que comecei a me curar.

NA NOITE EM QUE O REBBE retornou ao púlpito, o templo estava apinhado. Algumas pessoas vinham por compaixão. Algumas, sem dúvida, por curiosidade. Mas a maioria pensava a mesma coisa: "Agora que isso aconteceu com você, o que tem a dizer?"

O Rebbe sabia disso. Esse foi em parte o motivo para voltar tão depressa, na primeira sexta-feira depois dos 30 dias de luto obrigatório.

E quando se levantou no tablado, e quando a congregação

se aquietou, ele falou do único modo que sabia – com o coração. Admitiu que, sim, tinha ficado com raiva do Senhor. Que tinha uivado de angústia, que tinha gritado pedindo uma resposta. Que o fato de ser um Homem de Deus não o isolava de forma alguma das lágrimas e do sofrimento de jamais poder abraçar sua menininha de novo.

E, no entanto, observou, os próprios rituais do luto que ele amaldiçoara ter de fazer – as orações, as roupas rasgadas, não se barbear, cobrir os espelhos – o ajudaram a se concentrar em quem ele era, quando poderia ter se destruído.

– O que eu disse aos que viveram uma perda semelhante, agora devo dizer a mim mesmo – admitiu, e ao fazer isso sua fé estava sendo provada com o teste mais verdadeiro que existe: beber do próprio elixir, curar o próprio coração partido.

Disse como as palavras do kadish o fizeram pensar.

– Sou parte de algo, aqui; um dia meus filhos farão essa mesma prece por mim, como hoje estou fazendo por minha filha.

Sua fé ajudara a aplacar a agudeza da dor e, ainda que ela não pudesse salvar a pequena Rinah, tornara sua morte mais suportável, ao lembrar-lhe que todos somos partes frágeis de algo poderoso. Sua família, disse ele, fora abençoada por ter tido aquela criança, ainda que por poucos anos. Ele iria vê-la de novo um dia. Acreditava firmemente. E isso lhe dava conforto.

Quando terminou, quase todo mundo estava chorando.

– ANOS DEPOIS – DISSE-ME –, sempre que eu ia à casa de alguém que tinha perdido um membro da família, sobretudo uma pessoa jovem, eu tentava levar conforto, lembrando-me do que me confortou. Às vezes nos sentávamos em silêncio. Simplesmente sentar-se ao lado do outro, e talvez dar-lhe a mão. Deixar que fale. Deixar que chore. Depois de um tempo, eu podia ver que a pessoa estava melhor.

– E quando eu me via do lado de fora, fazia assim – ele tocou um dedo na língua e apontou para o céu. – "Mais um ponto para você, Rinah" – disse, sorrindo.

AGORA, NOS FUNDOS de sua casa, eu estava segurando a mão do Rebbe, como ele fizera com outras pessoas. Tentei sorrir. Ele piscou por trás dos óculos.

Tudo bem, eu disse. Vou voltar para vê-lo logo.

Ele meio que assentiu.

– Você... bem... é... – sussurrou.

Havia pouco mais a dizer. Ele não conseguia articular uma frase inteira. E eu percebi que cada uma das minhas débeis tentativas de conversar frustrava-o mais. Ele parecia se dar conta do que estava acontecendo, e temi que minha expressão revelasse a perda esmagadora que eu sentia. Até que ponto isso era justo? Esse homem sábio e eloquente, que algumas semanas antes estivera discursando sobre a divindade, se encontrava agora privado da sua faculdade mais preciosa. Não podia mais ensinar, não podia mais tecer as lindas frases produzidas por aquela mente brilhante.

Não podia mais cantar.

Só podia apertar meus dedos e abrir e fechar a boca.

No avião, de volta para casa, anotei algumas frases. A hora do discurso fúnebre, temi, estava chegando.

De um sermão do Rebbe

SE VOCÊS ME perguntarem, e deveriam perguntar, por que essa criança maravilhosa, linda, que tinha tanto a dar, precisava morrer, não tenho uma resposta racional. Não sei.

Mas, num comentário sobre a Bíblia, a tradição diz que Adão, nosso primeiro homem, deveria ter vivido mais do que qualquer homem, 1.000 anos. Não viveu. Ao buscar uma resposta, nossos sábios relataram o seguinte:

Adão implorou que Deus lhe permitisse ver o futuro. Assim o Senhor disse: "Venha comigo." Ele levou-o pelas câmaras celestiais, onde as almas que nasceriam esperavam sua vez. Cada alma era uma chama. Adão viu algumas chamas ardendo com pureza, enquanto outras mal piscavam.

Então viu uma chama linda, clara, forte, de um laranja dourado e com poder de cura. Disse Adão: "Ah, Senhor, aquele será um grande ser humano. Quando ele nascerá?"

O Senhor respondeu: "Sinto muito, Adão, mas aquela alma, por mais linda que seja, está destinada a não nascer. Foi ordenado que ela cometerá pecado e se manchará. Optei por lhe poupar a indignidade de ser maculada."

Adão implorou. "Mas, Senhor, o homem precisa de alguém que o ensine e guie. Por favor, não prive meus filhos."

O Senhor respondeu gentilmente: "A decisão foi tomada. Não tenho mais anos disponíveis para colocá-lo entre os seus."

Então Adão disse com ousadia: "Senhor, e se eu estiver disposto a ceder a essa alma alguns anos da minha vida?"

E Deus respondeu a Adão: "Se esse é o seu desejo, eu lhe concedo."

Pelo que nos disseram, Adão não morreu com 1.000 anos, mas com 930. E eras depois nasceu uma criança na cidade de Belém. Tornou-se governante de Israel e doce cantor de canções. Depois de liderar seu povo e inspirá-lo, morreu. E a Bíblia conclui: "Vejam, o rei Davi foi enterrado depois de viver 70 anos."

Amigos, às vezes, quando nos perguntam por que morre alguém tão jovem, só posso voltar à sabedoria da nossa tradição. É verdade que Davi não viveu muito. Mas, enquanto viveu, Davi ensinou, inspirou e nos deixou um grande legado espiritual, inclusive o Livro dos Salmos. Um desses salmos, o 23, é lido às vezes nos enterros.

"O Senhor é meu pastor; nada me faltará.
Faz-me dormir em pastos verdes:
Guia-me junto às águas calmas.
Restaura minha alma..."

Não é melhor ter conhecido Rinah, minha filha, durante quatro anos, do que não tê-la conhecido?

PRIMAVERA

VERÃO

OUTONO

INVERNO

Eis que vieram algumas pessoas trazendo um paralítico, carregado por quatro delas. E quando não puderam levá-lo a Jesus por causa da multidão, fizeram um buraco no teto.

MARCOS 2:3-4

Solstício de inverno

NUMA MANHÃ DE DOMINGO, com a neve chicoteando de lado, abri a grande porta da frente da igreja e entrei no vestíbulo. O santuário estava gélido – e vazio. O buraco do teto ficava acima de mim. Eu podia ouvir o vento sacudindo a lona azul. Um som de órgão vinha de algum lugar, mas não havia ninguém por ali.

– *Psst.*

Virei-me e vi o homem magro, de testa alta, indicando outra porta na lateral. Entrei e parei, hesitando.

Ali estava uma espécie de minissantuário improvisado, com largura suficiente para apenas dois bancos curtos, uma "parede" lateral de plástico grampeado em caibros. Era como uma casinha de brinquedo feita por crianças no sótão. O plástico era enrolado por cima também, criando um teto baixo.

Aparentemente, sem recursos para lutar contra o frio, a igreja fora obrigada a construir uma tenda de plástico dentro de seu próprio santuário. A congregação se encolhia nos assentos limitados. O tamanho do lugar tornava a situação menos gélida, mas as pessoas continuavam usando os casacos. E era ali que agora o pastor Henry fazia seu culto dominical. Em vez de um altar grandioso, ele possuía uma pequena estante de leitura. Em vez do enorme órgão de tubos, havia um estandarte preto e branco grampeado na parede de trás.

– Nós lhe agradecemos, Deus – estava dizendo Henry

quando entrei na última fila. – Deus da esperança... nós lhe agradecemos e louvamos... Em nome de Jesus, amém.

Olhei em volta. Com o buraco no teto, o aquecimento cortado e agora uma tenda de orações feita de plástico, poderíamos imaginar que a igreja levaria pouco tempo para deixar de existir.

NAQUELE DIA, o sermão de Henry era sobre julgar as pessoas pelo seu passado. Começou lamentando como é difícil largar um hábito – sobretudo um vício.

– Eu sei como é – bradou ele. – Sei como é quando você jura: "Nunca mais vou fazer isso... A próxima vez que receber meu dinheiro, vou fazer aquilo e aquilo outro." Você vai para casa e promete aos entes queridos: "Eu fiz uma bobagem, mas vou voltar..."

– *Amém!*

– Então você ganha um dinheiro e todas aquelas promessas... voam pela janela.

– *Pois é!*

–Você está tão cansado e enjoado de estar cansado e enjoado...

– *Cansado e enjoado!*

– Mas chega uma hora em que você precisa admitir a Deus: esse negócio é mais forte do que eu, é mais forte do que o programa de desintoxicação, é mais forte do que o pastor da igreja... Preciso de você, Senhor... Preciso de você, Jesus...

Começou a bater palmas.

– Mas a gente tem que cantar aquela música do Smokey Robinson...

Começou a cantar dois versos de "You Really Got a Hold on Me".

E em seguida voltou a pregar.

– E talvez você vá ao supermercado e, depois de fazer umas compras, alguém apareça e você vacile... e todas as compras que você fez por 70 dólares... você as entrega por 20...

– *Quinze!*

– Sim, senhor... 15... isso mesmo, se você estiver numa missão suficientemente forte para ficar doidão... Estou dizendo: eu sei como é entrar nessa e sei como é sair.

– *Glória, Senhor!*

– Mas a gente precisa lutar contra isso. E não é bom que só *você* fique livre. Se outros estão tentando, você tem de acreditar nessas pessoas também...

– *Aleluia!*

– No livro dos Atos dos Apóstolos, lemos que depois da conversão de Paulo, as pessoas desconfiavam porque antes ele costumava perseguir a igreja, e agora ele a louvava. "*É o mesmo cara*? Não pode ser! Nã-na-não..." É incrível como as pessoas não conseguem enxergar sua mudança, porque querem manter você naquele passado. Alguns dos nossos maiores problemas quando pregamos para as pessoas é que elas nos conheciam antes de irmos para o Senhor.

– *É, sim!*

– Aconteceu o mesmo com Paulo... Eles o viam... não conseguiam acreditar que aquele homem era de Jesus, porque olhavam para o passado dele...

– *Isso mesmo!*

– Simplesmente olhavam o passado dele. E quando ainda estamos olhando para nós mesmos através do nosso passado, não vemos o que Deus fez. O que Ele *pode* fazer! Não estamos vendo as pequenas coisas que acontecem na nossa vida...

– *Diga agora.*

– Quando dizem que eu sou bom, minha resposta é "estou

tentando". Mas há algumas pessoas que me conhecem de um tempo atrás. Quando vou a Nova York e elas ficam sabendo que sou pastor de uma igreja, vêm logo dizendo: "Sei que é por causa do dinheiro, cara. *Sei* que é por causa do dinheiro. Eu *conheço* você."

Ele fez uma pausa. Sua voz baixou.

– Não, eu respondo. Você me *conhecia*. Conhecia aquela pessoa, mas não conhece a pessoa que estou tentando ser.

SENTADO NOS FUNDOS, estremeci de vergonha. A verdade é que eu tinha lutado com os mesmos pensamentos sobre Henry. Tinha imaginado se, de volta ao seu mundo de Nova York, ele teria rido e dito: "É, eu estou com um negócio novo."

Em vez disso, ali estava ele, pregando numa tenda de plástico.

– Vocês *não* são o seu passado! – disse ele à congregação.

Alguma vez você já ouviu um sermão que parecia estar sendo gritado somente para os seus ouvidos? Quando isso acontece, geralmente tem mais a ver com você do que com o pregador.

DEZEMBRO

Bem e mal

DEPOIS DE TODOS os seus anos de teimosa sobrevivência, eu acreditava que o Rebbe poderia superar qualquer doença; mas talvez não conseguisse vencer todas.

O problema que o deixara entregue numa poltrona, confuso e apenas murmurando, acabou não sendo um derrame, mas uma consequência trágica de seus múltiplos males. Com o tumulto de médicos e receitas, o Dilantin que o Rebbe tomava – ironicamente para controlar derrames – fora inadvertidamente aumentado a níveis que o derrubaram. Níveis tóxicos.

Dito de modo simples, os comprimidos tinham transformado o Rebbe num espantalho humano.

Quando o problema foi finalmente descoberto – depois de vários meses terríveis –, as dosagens foram rapidamente ajustadas, e em questão de dias ele saiu de seu estupor incapacitante.

Fiquei sabendo disso numa conversa telefônica com Gilah e em outra, logo depois, com Sarah.

– É incrível – elas disseram. – É notável.

Havia uma animação na voz das duas, como se um verão inesperado tivesse chegado a seu quintal. E quando peguei um avião para a Costa Leste, entrei na casa e tive o primeiro vislumbre do Rebbe em seu escritório... bem, eu gostaria de ser capaz de descrever a sensação. Já li histórias sobre pacientes em coma que subitamente, depois de anos, acordam e pedem um pedaço de bolo de chocolate, enquanto os entes queridos ficam olhando incrédulos e boquiabertos. Talvez fosse assim.

Só sei que ele se virou na cadeira, usando um daqueles coletes com um monte de bolsos, estendeu os braços ossudos, sorriu daquele modo empolgado, de olhos franzidos, parecendo emitir luz do sol, e grasnou:

– Oláaaa, rapaz – e honestamente pensei que estivesse vendo alguém voltar dos mortos.

COMO FOI? PERGUNTEI quando tivemos a chance de nos acomodar.

– Uma névoa – disse ele. – Como um buraco negro. Eu estava aqui, mas de algum modo não estava.

O senhor pensou que era... o senhor sabe...

– O fim?

É.

– Às vezes.

E no que pensou nessas horas?

– Pensei principalmente na minha família. Queria acalmá-los. Mas me sentia impotente para fazer isso.

O senhor praticamente me matou de medo, nos matou, eu disse.

– Sinto muito.

Não. Quero dizer. Não foi sua culpa.

– Mitch, eu estive me perguntando por que isto aconteceu – ele disse, coçando o queixo. – Por que fui... *poupado*, por assim dizer. Afinal de contas, mais uns dois... como é mesmo a palavra...

Miligramas?

– Isso. E eu podia ter ido para o beleléu.

O senhor não ficou furioso?

Ele deu de ombros.

– Olha. Não estou feliz, se é isso que você quer saber. Mas devo acreditar que os médicos estavam fazendo o melhor que podiam.

Fiquei pasmo com sua tolerância. A maioria das pessoas teria procurado um advogado. Acho que o Rebbe sentia que, se havia um motivo para seu resgate, não era para abrir processos.

– Talvez eu tenha um pouquinho mais a dar – disse ele.

Ou receber.

– Quando você dá, você recebe.

Nenhuma alternativa, senão concordar.

BOM, EU SABIA QUE o Rebbe acreditava nessa frase piegas. Ele realmente ficava mais feliz quando podia ajudar alguém. Mas eu presumia que um Homem de Deus não teria escolha. Sua religião o obrigava a ir na direção do que Lincoln chamara de "os melhores anjos de nossa natureza".

Por outro lado, uma vez Napoleão definira a religião como "aquilo que impede os pobres de assassinar os ricos". Queria dizer que, sem o temor a Deus – ou literalmente ao inferno –, nós faríamos o que bem quiséssemos.

As manchetes de jornal certamente apoiavam essa ideia. Nos meses recentes, houvera atentados terroristas em trens na Índia, executivos gananciosos condenados no caso da fraude da Enron, um motorista de caminhão que atirou em cinco meninas numa escola Amish, e um deputado da Califórnia mandado para a cadeia por receber milhões em subornos enquanto vivia num iate.

O senhor acha, perguntei ao Rebbe naquele dia, que nossa natureza é má?

– Não. Acredito que existe bondade no ser humano.

Então nós *temos* anjos melhores?

– Bem no fundo, sim.

Então, por que fazemos tantas coisas ruins?

Ele suspirou.

– Porque algo que Deus nos deu, e às vezes acho que deu um pouquinho de mais, é o livre-arbítrio. A liberdade de escolher. Acredito que ele nos deu todo o necessário para construir um mundo lindo, se escolhermos com sabedoria.

"Mas também podemos escolher mal. E podemos chegar a fazer coisas medonhas."

O ser humano pode mudar de bom para mau?

O Rebbe assentiu lentamente.

– Nas duas direções.

A NATUREZA HUMANA é uma questão que temos enfrentado durante séculos. Se uma criança fosse criada sozinha, separada da sociedade, da mídia, da dinâmica social, ela cresceria gentil e de coração aberto? Ou seria feroz e sedenta de sangue, procurando apenas a sobrevivência?

Nunca saberemos. Não somos criados por lobos. Mas claramente nos debatemos entre necessidades conflitantes. O cristianismo acredita que Satã nos tenta com o mal. Os hindus veem o mal como um desafio ao equilíbrio da vida. Os judeus descrevem a inclinação do ser humano pela justiça versus sua inclinação pelo mal como dois espíritos em guerra; o espírito mau pode, inicialmente, ser frágil como uma teia de aranha, mas se tiver permissão para crescer, fica grosso como uma corda de carroça.

Uma vez o Rebbe fez um sermão sobre como as mesmas coisas na vida podem ser boas ou más, dependendo do que, com o livre-arbítrio, fizermos com elas. A fala pode abençoar ou amaldiçoar. O dinheiro pode salvar ou destruir. A ciência pode curar ou matar. Até a natureza pode atuar contra ou a favor de nós: o fogo pode aquecer ou queimar; a água pode manter a vida ou destruí-la numa inundação.

– Mas em nenhum lugar da história da Criação – disse o Rebbe – nós lemos a palavra "ruim". Deus não criou coisas ruins.

Então Deus deixa isso por nossa conta?

– Ele deixa isso por nossa conta. Bom, eu acredito que às vezes Deus fecha os punhos e diz: "Ah, não faça isso, você vai se encrencar." E você poderia perguntar: "Bom, por que Deus não interfere? Por que não elimina o negativo e acentua o positivo?"

"Porque, desde o início, Deus disse aos seres humanos: 'Vou colocar este mundo nas suas mãos. Se eu cuidar de tudo, vocês não terão nada a fazer.' Assim, fomos criados com um pedaço de divindade dentro de nós, mas com essa coisa chamada livre-arbítrio, e acho que Deus nos observa todo dia, amorosamente, rezando para que façamos as escolhas certas.

O senhor acha mesmo que Deus reza?, perguntei.

– Acho que oração e Deus – disse ele – são coisas entrelaçadas.

OLHEI PARA O REBBE por um momento, maravilhado pelo modo como ele estava falando, analisando, fazendo brincadeiras. Apenas algumas semanas antes, mãos se retorciam por causa dele, e lágrimas rolavam. Agora isso. Sua filha dizia que era um milagre. Talvez fosse. Eu simplesmente me sentia aliviado por ele estar melhor – e porque seu discurso fúnebre poderia esperar.

Ouvimos uma buzina. O táxi tinha chegado.

– Então, pois é – disse ele, encerrando –, esta é a história da minha vida recente.

Levantei-me e dei-lhe um abraço, um pouco mais forte do que o usual.

Chega de sustos, certo?

– Ah – ele riu, apontando o polegar para o alto. – Você terá de acertar isso com o meu chefe.

A vida de Cass

A HISTÓRIA DA MINHA VIDA *recente*. Gosto dessa frase. Faz mais sentido do que *a história da minha vida*, porque temos muitas vidas entre o nascimento e a morte. Uma vida para ser criança. Uma vida para crescer. Uma vida para perambular, para se estabelecer, apaixonar-se, ter filhos, testar nossa promessa, perceber nossa mortalidade – e quando se tem sorte, fazer algo depois dessa percepção.

O Rebbe tinha alcançado isso.

Outra pessoa, também.

Não o Henry – se bem que ele certamente viveu muitas vidas.

Estou me referindo ao seu presbítero de confiança, o homem de uma perna só, que me cutucou e adulou até que, finalmente, numa noite fria, num lugar da igreja coberto com plástico, ele disse com voz áspera:

– Senhor Mitch, tenho de contar isso ao senhor...

Anthony Castelow, ou "Cass", tinha de fato uma história de arregalar os olhos. Nascera numa família grande, fora um astro do atletismo, entrou para o Exército, voltou para casa e virou traficante de drogas.

– Mas tudo bem, agora. O que eu quero *realmente* contar é o seguinte...

E esta era a história de sua vida recente.

— HÁ DEZOITO ANOS, quando tinha as duas pernas, fui esfaqueado na barriga quando estava num lugar chamado Bar Sweetheart's. Estava lá vendendo drogas. Dois caras entraram, um me agarrou por trás e o outro pegou as drogas e me esfaqueou. Quase morri no hospital. Estava gorgolejando sangue. Os médicos disseram que eu teria sorte se sobrevivesse àquela noite. Mas, quando saí, voltei às drogas.

"Pouco tempo depois, as drogas me mandaram de volta à prisão. Três anos. Lá virei muçulmano, porque os muçulmanos eram limpos, cuidavam do corpo, e um cara chamado Usur me mostrou como rezar, o senhor sabe, cinco vezes por dia, nos tapetes de oração, fazer as salás, dizer 'Alahu Akbar'.

"Mas no final de tudo, esse tal de Usur sussurrava: 'Em nome de Jesus, amém.' Um dia eu puxei ele de lado e ouvi sua confissão: 'Escuta, cara, aqui dentro eu sou muçulmano, mas minha família lá fora é cristã. Não sei se é Alá ou Jesus Cristo depois desta vida. Só estou tentando me salvar, sacou? Porque eu nunca mais vou voltar para casa, Cass. Tá sabendo? Eu vou *morrer* aqui dentro.'

"Bom, quando eu saí da cadeia, minha cabeça estava meio confusa. Fui para longe de tudo que tinha a ver com Deus e voltei às drogas – crack, bolinhas, fumo. Perdi todo o meu dinheiro. Sem ter para onde ir, voltei para o conjunto residencial Jeffries, onde cresci, que estava abandonado e sendo demolido. Chutei a porta dos fundos de um apartamento e dormi lá.

"E aquela foi a primeira noite em que me considerei um morador de rua."

FIQUEI ASSENTINDO enquanto Cass falava, ainda sem saber aonde ele iria chegar. Seu chapéu estava puxado sobre as orelhas, e os óculos e a barba grisalha lhe davam um ar quase de artista, como um velho músico de jazz, embora o paletó marrom e velho e a perna amputada contassem uma história mais verdadeira. Quando falava, os poucos dentes que restavam se projetavam das gengivas, como minúsculos postes amarelados.

Como vi que ele estava decidido a ir até o final dessa história, esfreguei as mãos para mantê-las quentes e disse:

Continue, Cass.

Saiu fumaça da minha boca. Para ver como estava frio na igreja.

– Certo, senhor Mitch. Bom, o negócio é o seguinte: quase morri umas duas vezes naquele conjunto residencial. Uma vez voltei à noite e, assim que entrei, alguém me acertou na cabeça com uma arma e abriu meu crânio. Nunca descobri por quê. Mas me deixaram ali, achando que eu estava morto, sangrando, com as calças puxadas para baixo e os bolsos revirados.

Cass se inclinou e tirou o chapéu. Havia uma cicatriz de oito centímetros em sua cabeça.

– Está vendo?

Pôs o chapéu de volta.

– Todas as noites naquela vida, ou você ficava doidão, ou bêbado, ou alguma coisa para tentar enfrentar a realidade de que não tinha para onde ir. Eu ganhava dinheiro fazendo todo tipo de biscate. Recolhia o lixo para um bar. Pedia esmola. E, claro, simplesmente roubava. Quando o time de hóquei ou de beisebol estava jogando, entrávamos lá de fininho, roubávamos uma flanela laranja e a balançávamos para o carro das pessoas. Elas paravam se a gente parecesse um pouco decente. Eu dizia: "Pode estacionar aqui mesmo." Depois corria com o dinheiro que recebia delas de volta para o conjunto e ficava doidão.

Balancei a cabeça. Eu tinha ido a tantos jogos de beisebol e hóquei que talvez tivesse dado algumas notas ao Cass.

– Fiquei sem ter onde morar por uns cinco anos – disse ele. – Cinco *anos*. Dormindo aqui e ali em conjuntos residenciais abandonados. Houve uma noite de inverno, na chuva, em que eu quase morri congelado num ponto de ônibus, sem ter aonde ir. E estava com tanta fome e tão magro que meu estômago grudava nas costas.

"Estava vestindo as duas calças e as três camisas que eu tinha. Usava o sobretudo como travesseiro, cobertor, tudo. E meu único par de tênis estava tão furado que eu enchia os pés de bicarbonato para não federem."

Onde você conseguia o bicarbonato?

– Bom, qual é... a gente ficava lá, fumando crack. É com isso que você prepara o crack. *Todo mundo* tem bicarbonato!

– E então fiquei sabendo de um cara de Nova York, o Covington. Ele passava pelo bairro numa limusine velha. Era de uma igreja, e por isso a gente chamava ele de Rebbey Rebbe.

Rebbey o quê?

– Rebbe.

CASS SE INCLINOU para a frente, franzindo os olhos, como se tudo até aquele ponto tivesse sido um prelúdio.

– Rebbe vinha todos os dias, com comida no capô, no porta-malas e em cima daquele carro. Legumes. Leite. Suco. Carne. Qualquer um que estivesse com fome podia comer um pouco. Quando ele parava o carro, 40 ou 50 pessoas faziam fila.

"Ele não pedia nada. O máximo que dizia, no final, era: 'Lembrem-se, Jesus ama vocês.' Quando a gente está nas ruas, não quer ouvir isso. Do que adianta saber que Jesus nos ama se tenho de voltar a morar naquele prédio vazio, sacou?

"Depois de um tempo, o pastor passou a receber doações daqueles bancos de alimentos, e a servi-los ao lado da casa dele, num terreno baldio. Eu e mais uns caras fizemos uma grelha lá perto e esquentávamos a comida. As pessoas vinham de longe, traziam uma tigela e uma colher, se tivessem. Vi gente com sacos plásticos pegando a comida e comendo com a mão.

"E o pastor fazia um pequeno culto ali, ao lado da casa. Agradecia a Deus."

Espere. Do lado de fora?

– É o que estou dizendo. Assim, em pouco tempo, a gente estava gostando do cara. Víamos ele chegando e dizíamos: 'Aí vem o Rebbey Rebbe. Esconde o bagulho! Esconde a birita!' E ele nos dava um pouco de dinheiro para ajudarmos a descarregar as caminhonetes: peru, pão, suco. Eu e um cara tínhamos um sistema próprio de descarregar: um para a igreja, dois para nós. Jogávamos o nosso no meio do mato e voltávamos depois para pegar.

"Até que o pastor chegou perto de mim e disse: 'Você já tem o suficiente para comer, Cass? Pegue o que precisar.' Ele sabia o que eu estava fazendo.

"Senti vergonha."

"UMA NOITE, NO CONJUNTO residencial, eu tinha acabado de ficar doidão e ouvi o pastor chamar meu nome. Fiquei sem graça de sair. Meus olhos estavam do tamanho de pratos. Ele perguntou se eu podia cortar o gramado dele no dia seguinte. E eu disse: claro, claro, certo. Ele me deu 10 dólares e disse: me procure amanhã. Quando foi embora, eu só pensava em subir correndo, comprar mais bagulho e ficar doidão de novo. Mas não quis gastar o dinheiro dele daquele jeito. Por isso atravessei a rua e comprei carne, biscoito, qualquer coisa, para não gastar em drogas.

"Naquela noite, enquanto eu dormia, o cara que ficava no quarto comigo roubou os canos de baixo da pia para vender o cobre. Ele foi embora e a água começou a jorrar. Acordei no chão, e o lugar estava inundado. Eu estava sendo lavado.

"Minhas únicas roupas estavam todas arruinadas, e eu fui à casa do pastor e falei: 'Desculpe, não vou poder trabalhar para o senhor. Estou todo encharcado.' E comecei a vociferar contra o cara, e ele disse: 'Cass, não se preocupe. Às vezes as pessoas pegam mais pesado do que você.'

"Ele me mandou à igreja, dizendo: 'Vá ao andar de cima e pegue o que quiser numas sacolas de roupas que nós temos lá.' Eu peguei umas roupas, Mitch, era a primeira vez em não sei quanto tempo que eu vestia uma cueca limpa. Meias limpas. Uma camisa. Voltei à casa do pastor e ele perguntou: 'Onde você vai ficar agora, Cass?'

"Eu respondi: 'Não sei. O lugar onde eu fico está todo inundado.' Ele entrou, falou com a mulher, saiu e disse: 'Por que não fica aqui com a gente?'

"Bom, eu fiquei chocado. Quero dizer, eu tinha feito um pouco de trabalho para o cara. Roubei comida dele. E agora ele estava abrindo a casa?

"Ele disse: 'Quer pensar nisso?' E eu: 'O que tem para pensar? Sou um morador de rua.'"

Henry nunca me contou nada disso, eu falei.

– É por isso que *eu* estou contando – respondeu Cass. – Naquela noite fui morar com a família dele. Fiquei lá quase um ano. *Um ano.* Ele me deixava dormir no sofá da sala. A família ficava no andar de cima, tinha crianças pequenas, e eu dizia para mim mesmo: esse cara não me conhece, não sabe do que eu sou capaz. Mas confia em mim.

Ele balançou a cabeça e olhou para longe.

– Essa gentileza salvou minha vida.

Ficamos ali sentados por um segundo, em silêncio e com frio. Agora eu sabia mais do que jamais imaginara sobre um presbítero do Ministério Sou o Guardião do Meu Irmão.

O que ainda não sabia era por quê.

E ENTÃO CASS me disse:

–Vejo como o senhor olha o pastor. O senhor vem um bocado aqui. E talvez ele não seja como o senhor acha que um pastor deve ser.

"Mas acredito de verdade que o Senhor me deu uma segunda chance por causa desse homem. Quando eu morrer, Jesus vai aparecer para mim e eu serei ouvido. O Senhor dirá: 'Conheço você.' E acredito que ele dirá o mesmo para o pastor Covington."

Mas Henry fez algumas coisas ruins na vida, eu disse.

– Eu sei. Eu também fiz. Mas Deus não me compara com outro cara. Deus mede a gente e compara com *nós mesmos.*

"Talvez tudo o que a gente tenha sejam chances de fazer o bem e o pouco mal que se faça não seja assim tão ruim. Mas como Deus colocou você numa posição em que sempre pode fazer o bem, quando faz alguma coisa ruim... é como se Deus tivesse te abandonado.

"E as pessoas como nós, que só têm chance de fazer o mal e que estão sempre envolvidas com coisas ruins, quando finalmente fazem alguma coisa boa, talvez Deus fique feliz."

Ele sorriu, com aqueles dentes esparsos se projetando dos lábios. E finalmente percebi por que ele quisera tanto me contar sua história.

Não tinha a ver com ele.

Vocês chamavam mesmo Henry de "Rebbe"?, perguntei.

– É. Por quê?

Nada, respondi.

Existe algo que o perdão não possa alcançar?

VIDURA

Pedindo desculpas

AGORA FALTAVAM ALGUMAS semanas para o Natal, e eu enfiei as mãos nos bolsos enquanto me aproximava da porta da frente do Rebbe. Um marca-passo fora posto em seu peito algumas semanas antes, e, embora ele tivesse se saído bem do procedimento, quando penso naquilo, acho que era sua última chance. Sua saúde parecia um balão esvaziando lentamente. Tinha completado 90 anos – e brincava com os filhos dizendo que até os 90 ele estava no comando, e depois disso eles poderiam fazer o que quisessem.

Talvez chegar a esse marco já bastasse. Ele praticamente não comia mais – um pedaço de torrada ou uma fruta era uma refeição – e, se andava na frente da casa uma ou duas vezes, era um grande exercício. Ainda ia ao templo com Teela, sua amiga enfermeira hindu. Lá as pessoas o ajudavam a sair do carro para uma cadeira de rodas, e dentro do templo ele cumprimentava as crianças do programa pós-escola. Na ShopRite usava o carrinho de compras como andador, segurando-o para se equilibrar. Batia papo com os outros fregueses. Fiel às suas raízes do período da Depressão, comprava pão e bolos no balcão de "desconto de 5%". Quando Teela revirava os olhos, ele dizia:

– Não é que eu precise do desconto, é que não quero perder o hábito!

Era um homem alegre, uma maravilhosa peça do maquinário de Deus, e não era nem um pouco divertido vê-lo desmoronar.

EM SEU ESCRITÓRIO, agora, eu o ajudava a mudar caixas de lugar. Ele tentava me dar livros, dizendo que ficava de coração partido ao pensar em deixá-los para trás. Eu o observava ir de pilha em pilha, olhando e lembrando-se, depois pousando-os e indo para outra pilha.

Se você pudesse fazer as malas antes de ir para o céu, era assim que faria, tocando em tudo, não levando nada.

HÁ ALGUÉM QUE O SENHOR ainda precisa perdoar?, perguntei.

– Já perdoei – ele disse.

Todos?

– Já.

Eles já o perdoaram?

– Espero que sim. Eu pedi.

Ele desviou o olhar.

– Sabe, temos uma tradição. Quando você vai a um enterro, deve ficar perto do caixão e pedir que o falecido perdoe qualquer coisa que você tenha feito.

Ele fez uma careta.

– Pessoalmente, não quero esperar tanto tempo.

LEMBRO-ME DE QUANDO o Rebbe fez seu pedido de desculpas em público. Foi no seu último sermão dos grandes dias santos, como rabino principal do templo.

Ele poderia ter usado a ocasião para refletir sobre seus feitos. Em vez disso, pediu perdão ao rebanho. Desculpou-se por não ter sido capaz de salvar mais casamentos, por não ter visitado com mais frequência os doentes, por não ter aliviado mais a dor de pais que perderam um filho, por não ter tido dinheiro para ajudar viúvas ou famílias com dificuldades econômicas. Pediu desculpas a adolescentes com quem não pôde passar tempo suficiente ensinando. Pediu desculpas por não poder mais ir aos locais de trabalho para conversar durante a hora do almoço. Até pediu desculpas pelo pecado de não estudar todos os dias, já que a doença e os compromissos lhe roubaram horas preciosas.

– Por tudo isso, Deus do perdão – ele concluiu –, perdoe-me, desculpe-me...

Oficialmente, este foi seu último "grande" sermão.

– Conceda-me a reparação – foram suas últimas palavras.

E AGORA O REBBE estava insistindo para que eu não esperasse.

– Mitch, não adianta ficar com raiva ou guardar ressentimentos.

Ele cerrou o punho.

– Isso corrói a gente por dentro. Prejudica mais a nós mesmos do que às pessoas de quem temos raiva.

Devo então me desapegar?, perguntei.

– Sim, mas sobretudo não deixar que a coisa comece. Sabe o que descobri no correr dos anos? Quando eu tinha uma discordância com alguém e a pessoa vinha falar comigo, eu ia logo dizendo: "Pensei sobre isso. E de certa forma talvez você esteja certo."

"Bom, eu nem sempre acreditava no que afirmava. Mas isso tornava as coisas mais fáceis. Logo de cara a pessoa relaxava e se mostrava mais propícia a negociar. Eu pegava uma situação explosiva e a... como se diz, mesmo...?"

Desarmava?

– Desarmava. Precisamos fazer isso. Principalmente com pessoas da família.

– Sabe, na nossa tradição nós pedimos perdão a todo mundo, mesmo a pessoas mais afastadas. Mas, com as pessoas mais próximas, esposa, filhos, pai, frequentemente deixamos o ressentimento se demorar. Não espere, Mitch. É perda de tempo.

Ele me contou uma história. Um homem enterrou a esposa. Ao lado do túmulo, ficou perto do Rebbe, com lágrimas escorrendo pelo rosto.

– Eu a amava – sussurrou o homem.

O Rebbe assentiu.

– Quero dizer... Eu a amava de verdade.

O homem desmoronou.

– E... Uma vez quase disse isso a ela.

O Rebbe me olhou com tristeza.

– Nada nos assombra tanto quanto as coisas não ditas.

MAIS TARDE, NAQUELE DIA, pedi que o Rebbe me perdoasse por qualquer coisa que eu pudesse ter dito ou feito para magoá-lo. Ele sorriu e disse que, mesmo não conseguindo lembrar de nada, "pensaria no assunto".

Bom, brinquei, fico feliz por termos resolvido isso.

– Você está liberado.

É preciso fazer as coisas no tempo certo.

– Isso mesmo. Por isso nossos sábios nos dizem para nos arrependermos exatamente um dia antes da morte.

Mas como a gente sabe se é o dia antes da morte?, perguntei.

Ele ergueu as sobrancelhas.

– Todo dia pode ser.

Vou lhe dar um novo coração e pôr um novo espírito em você; vou tirar seu coração de pedra e lhe dar um coração de carne.

EZEQUIEL 36:26

O momento da verdade

ERA A SEMANA DO NATAL em Detroit, entretanto parecia haver mais cartazes anunciando casas À VENDA do que luzes piscando. As pessoas não compravam muito. Os pais diziam às crianças para não esperarem grande coisa do Papai Noel. A Depressão da nossa era estava se desdobrando e nós a sentíamos na pele.

Na Trumbull Avenue, a igreja do pastor Henry estava envolta em escuridão – não podiam se dar ao luxo de colocar luzes do lado de fora – e, a não ser que você abrisse a porta lateral, talvez nem soubesse que o prédio estava ocupado. Em todo o tempo que frequentei a igreja, nunca vi o local totalmente iluminado. "Semiescuridão" era a palavra apropriada para o que havia lá dentro.

AQUELA CONVERSA COM Cass me mostrara outro modo de conhecer Henry: falando com seus fiéis.

Um sujeito chamado Dan, por exemplo, um dos poucos membros brancos da igreja, me contou que, anos antes, tinha sido alcoólatra e morador de rua, e passava as noites numa quadra de handball do Detroit's Belle Isle. Depois de consumir um litro de bebida destilada e até 12 cervejas por dia, apagava, acordava e começava a beber de novo. Numa noite fria, chegou à igreja, mas ela estava fechada. Sentado em seu carro, Henry viu Dan se afastando e chamou-o, depois perguntou se ele precisava de um lugar para ficar.

– Ele não fazia a mínima ideia de quem eu era – contou Dan. – Eu poderia ser um assassino. – Dan ficou sóbrio nos 30 dias em que permaneceu na igreja.

Outro membro da congregação, uma mulher enérgica chamada Shirley, lembrou-se de ter visto 20 ou 30 crianças dormindo na pequena casa de Henry nas noites de sexta-feira ou nas tardes de sábado. Ele chamava o grupo de "Pelotão da Paz". Ensinava-lhes a cozinhar, organizava jogos, mas principalmente fazia com que se sentissem seguros. Henry inspirou Shirley a ponto de ela se tornar presbítera da igreja.

Um homem chamado Freddie me mostrou o quarto com um estrado de madeira, onde morava, no terceiro andar da igreja. Disse que Henry oferecera o lugar quando ele estava na rua.

Uma senhora chamada Luanne observou que Henry nunca cobrava por um enterro ou casamento. "O Senhor pagará", dizia ele.

E Marlene, uma mulher bonita de olhos tristes e amendoados, me contou uma história brutal e violenta de vício em drogas que culminou num confronto com o homem com quem ela morava. Ele arrancou-a da cama junto com o filho de 2 anos, espancou-a e os empurrou escada abaixo. Os dois caíram sobre uma tábua velha com pregos, e o filho abriu a testa. O homem se recusou a deixar que fossem a um hospital. Literalmente os manteve cativos enquanto sangravam.

Dois dias depois, quando ele finalmente saiu de casa, Marlene pegou o filho e fugiu – apenas com as roupas do corpo. Na delegacia, um policial ligou para Henry, que conversou com Marlene pelo telefone. O pastor pareceu tão solidário e sereno que ela pediu à polícia que a levasse à igreja dele, sem jamais tê-lo visto. Henry deu a Marlene e ao filho uma refeição quente e um lugar para dormir – e desde então ela frequentava seu ministério.

Pensei na forma como as igrejas e as sinagogas geralmente conseguem membros. Algumas têm escolas. Algumas promovem eventos sociais. Outras oferecem palestras, excursões e campanhas de arrecadação. Os pagamentos anuais fazem parte do sistema.

No Ministério Sou o Guardião do Meu Irmão não havia pagamentos, nem campanhas, nem excursões. A participação crescia do modo antigo: uma necessidade desesperada de Deus.

NO ENTANTO, NADA DISSO ajudava Henry com seus problemas de aquecimento ou suas contas. Os cultos de domingo continuavam acontecendo dentro de uma tenda de plástico. As noites das pessoas que ele abrigava ainda eram ao som barulhento dos aquecedores, e elas dormiam embrulhadas em seus casacos. O início do inverno continuava atacando, e a neve se acumulava nos degraus da frente da igreja.

Ainda que eu não costumasse abordar assuntos religiosos nos meus textos de jornal, senti uma necessidade de expor essas condições aos leitores do *Detroit Free Press*. Fiz entrevistas com alguns moradores de rua, inclusive com um homem que fora excelente jogador de beisebol e que perdera os 10 dedos dos pés, congelados, depois de passar a noite num carro abandonado.

Enviei as histórias ao jornal, mas alguma coisa ainda me incomodava.

E, ASSIM, NUM FIM DE TARDE, logo antes do Natal, fui à casa de Henry. Ficava no mesmo quarteirão da igreja. Ele a hipotecara por 30 mil dólares quando chegara a Detroit, 16 anos antes. Talvez não valesse isso hoje em dia.

A fachada de tijolos era decadente, o portão da frente pendia frouxo e o terreno livre, onde um dia ele servira comida à vizinhança, estava cheio de neve, lama e gelo. O barracão onde guardavam comida continuava lá, com telas para protegê-la dos pássaros.

Henry estava sentado num sofá pequeno na sala de estar – onde Cass passara um ano. Estava resfriado e tossiu várias vezes. A casa era arrumada mas pobre, com a tinta descascando, e o forro da cozinha parcialmente desmoronado. Ele parecia mais pensativo do que de costume. Talvez fosse por causa do Natal que se aproximava. Suas paredes tinham fotos dos filhos, mas ficava claro que este ano eles não receberiam muitos presentes.

Nos tempos de traficante, se Henry quisesse uma TV, os clientes trocariam uma por droga. Joias? Roupas de grife? Ele nem precisava sair de casa.

Perguntei se, quando entrara no ministério, ele tinha pensado que um dia poderia estar mais bem de vida do que agora.

– Não – respondeu. – Acho que eu era destinado a trabalhar com os pobres.

É, brinquei, mas você não precisa *imitá-los*.

Ele olhou para a casa se arruinando ao redor. Respirou fundo.

– Estou onde deveria estar.

Como assim?

Ele baixou os olhos.

Depois disse uma coisa que nunca esquecerei.

– MITCH, EU SOU uma pessoa horrível. As coisas que fiz na vida nunca poderão ser apagadas. Violei cada um dos Dez Mandamentos.

Ora. Cada um?

– Quando eu era mais novo, de certa forma, sim, cada um.

Roubar? Dar falso testemunho? Desejar?

– Sim.

Adultério?

– Ahã.

Assassinato?

– Nunca puxei o gatilho, mas estive bastante envolvido. Eu poderia ter impedido que uma vida fosse tirada. Não impedi. Portanto, me envolvi em assassinato.

Ele desviou o olhar.

– Era um negócio barra-pesada, cachorro comendo cachorro, o forte devorando o fraco. Na vida que eu levava, pessoas eram mortas. Isso acontecia diariamente.

"Odeio aquele homem que eu era. Fui para a cadeia por um crime que não cometi, mas fiz coisas pelas quais deveria ter sido preso. Fui covarde. Fui duro. Agora não sou mais assim, mas já fui."

Ele suspirou.

– Já fui assim.

Seu queixo baixou para o peito. Ele respirava ruidosamente.

– Mereço o inferno – sussurrou. – Com as coisas que fiz, Deus teria motivos. Não se pode zombar de Deus. O que se planta se colhe.

"Por isso, digo à minha congregação: não me coloquem num pedestal. Faço sermões ensinando que não se pode querer cereja quando se plantou limão. E eu plantei muito limão na vida..."

Agora seus olhos estavam cheios de lágrimas.

–... e talvez não tenha feito toda a colheita.

Não entendo, eu disse. Se você acha que vai ser castigado...

– Por que continuar servindo a Deus? – Ele deu um sorriso fraco. – O que mais posso fazer? É como quando todo mundo estava dando as costas a Jesus e ele perguntou aos apóstolos: "Vocês também vão?" E Pedro respondeu: "Aonde posso ir, Senhor?"

"Sei o que ele queria dizer. Aonde você vai quando se afasta de Deus? Ele está em toda parte."

Mas, Henry, todo o bem que você faz aqui...

– Não. – Ele balançou a cabeça. – Ninguém pode construir o próprio caminho para o céu. Sempre que você tenta e se justifica com obras, também se desqualifica com obras. O que faço aqui, todos os dias, e farei pelo resto da minha vida, é apenas meu modo de dizer: "Senhor, independentemente do que a eternidade reserva para mim, deixe-me dar-lhe um pouco de volta. Sei que isso não empata o placar. Mas deixe-me fazer algo da minha vida antes de partir..." – Ele soltou o ar lentamente, cansado. – "E então, Senhor, estou à sua mercê."

Tinha escurecido, fazia frio, e o passado de Henry se encontrava espalhado por toda a sala. Depois de alguns minutos em silêncio, levantei-me e fechei o zíper do casaco. Desejei-lhe melhoras e voltei para a neve.

EU COSTUMAVA ACHAR que sabia tudo. Era uma "pessoa inteligente" que "conseguia fazer coisas" e, por isso, quanto mais alto subia, mais podia olhar para baixo e fazer pouco do que parecia idiota ou simples, até mesmo a religião.

Mas naquela noite, enquanto ia para casa, percebi uma coisa: que não sou melhor nem mais inteligente, só tenho mais sorte. E que deveria ter vergonha de pensar que sabia tudo, porque é possível conhecer o mundo inteiro e, ainda assim, sentir-se perdido nele. Tantas pessoas vivem na dor – por mais inteligentes ou realizadas que sejam – choram, anseiam, sofrem. Mas em vez de olharem as coisas de cima para baixo, olham para cima, para onde acho que eu também deveria estar olhando. Porque, quando o mundo se aquieta e resta apenas o som de nossa respiração, todos queremos as mesmas coisas: conforto, amor e um coração em paz.

Talvez na primeira metade de sua vida ele tivesse se saído pior do que a maioria das pessoas, e talvez na segunda metade tivesse se saído melhor. Mas naquela noite foi a última vez em que questionei quanto o passado de Henry Covington deveria lançar sombras sobre seu futuro. A Escritura diz: "Não julgueis." Mas Deus tinha o direito de julgar, e Henry vivia com essa certeza todos os dias. Era o que bastava.

Janeiro

Céu

Janeiro chegou e o calendário mudou. Era 2008. Antes que o ano terminasse, haveria um novo presidente nos Estados Unidos, um terremoto econômico, um sumidouro de confiança e dezenas de milhões de pessoas desempregadas ou sem casa. Nuvens de tempestade se juntavam.

Enquanto isso, o Rebbe ia indolentemente de um cômodo para o outro, numa contemplação silenciosa. Tendo sobrevivido à Grande Depressão e a duas guerras mundiais, não se abalava mais com os acontecimentos estampados nas manchetes. Mantinha a distância o mundo exterior. Rezava. Conversava com Deus. Olhava a neve pela janela. E gostava dos rituais simples de seu dia: as orações, a aveia com cereal, os netos, os passeios de carro com Teela, os telefonemas para velhos membros da congregação.

Eu o estava visitando de novo numa manhã de domingo. Meus pais tinham planejado passar mais tarde e me levar para almoçar, antes da minha volta a Detroit.

Duas semanas antes, numa noite de sábado, o templo fizera uma reunião em homenagem ao Rebbe, comemorando suas seis décadas de serviço. Foi como uma festa de retorno ao lar.

– Vou lhe dizer – disse o Rebbe, balançando a cabeça, meio incrédulo –: vi pessoas que não se encontravam havia muitos anos se abraçando e se beijando... E eu chorei. *Chorei* ao constatar o que criamos juntos. É uma coisa incrível.

Incrível? O meu velho templo? Aquele lugarzinho das manhãs dos sábados, dos feriados divertidos e das crianças descendo dos carros e correndo para a escola religiosa? Incrível? A palavra parecia exagerada. Mas então o Rebbe juntou as mãos, quase como se rezasse, e sussurrou:

– Mitch, você não vê? Nós formamos uma *comunidade*.

E eu pensei em seu rosto envelhecido, nos ombros descaídos, nos 60 anos em que ele se dedicara incansavelmente a ensinar, ouvir, tentar fazer de nós pessoas melhores. Do jeito que o mundo ia, talvez "incrível" fosse a descrição certa.

– O modo como eles se abraçavam – ele repetiu com os olhos distantes –, para mim, isso é um pedaço do céu.

ERA INEVITÁVEL QUE O REBBE e eu finalmente falássemos da outra vida. Não importando como você o chame – Paraíso, Moksha, Valhalla, Nirvana – o outro mundo é a base de quase todas as crenças. E cada vez mais, à medida que seu tempo na terra ia terminando, o Rebbe pensava no que estaria adiante, no que ele chamava de *Olam Habah* – o mundo que virá. Com sua voz e sua postura ele mostrava que o estava procurando, como quando esticamos o pescoço perto do topo de um morro para ver se dá para enxergar do outro lado.

Fiquei sabendo que o cemitério onde o Rebbe seria enterrado ficava perto de seu local de nascimento em Nova York, o mesmo em que sua mãe e seu pai estavam sepultados. Sua filha, Rinah, também tinha sido enterrada lá. Quando chegasse a hora, as três gerações se uniriam, pelo menos na terra, e, se sua crença fosse verdadeira, também em outro lugar.

O senhor acha que vai ver Rinah de novo?, perguntei.

– Acho.

Mas ela era só uma criança.

– Lá em cima – sussurrou ele – o tempo não importa.

UMA VEZ O REBBE fez um sermão em que o céu e o inferno eram mostrados a um homem. No inferno, as pessoas se sentavam ao redor de uma mesa de banquete, cheia de comidas e iguarias exóticas. Mas como seus braços estavam presos à frente do corpo, elas ficavam incapazes de comer durante toda a eternidade.

– Isso é terrível – disse o homem. – Mostre o céu.

Ele foi levado a outra sala, tremendamente parecida. Outra mesa de banquete, mais iguarias. As almas ali também estavam com os braços presos à frente do corpo.

A diferença era que uma alimentava a outra.

O QUE O SENHOR ACHA?, perguntei ao Rebbe. O céu é assim?

– Como posso dizer? Acredito que existe alguma coisa. Isso basta.

Ele passou um dedo pelo queixo.

– Mas admito... que de certa forma a ideia de morte me empolga, porque logo terei a resposta para essa pergunta assombrosa.

Não diga isso.

– O quê?

Que vai morrer.

– Por quê? Você fica incomodado?

Bom. Quero dizer. Ninguém gosta de ouvir essa palavra.

Eu parecia uma criança.

– Escute, Mitch... – Sua voz baixou. Ele cruzou os braços por cima do suéter que cobria outra camisa xadrez que não combinava com a calça azul. – Sei que minha morte vai ser dura para certas pessoas. Sei que minha família, meus entes queridos, você, espero, vão sentir minha falta.

Eu sentiria. Mais do que poderia lhe dizer.

– Pai Celestial, por favor – entoou ele, olhando para cima –, sou um homem feliz. Ajudei a desenvolver muitas coisas aqui embaixo, na Terra. Até desenvolvi o Mitch um pouquinho...

Ele apontou para mim com um dedo comprido, enrugado.

– Mas esse aí, veja bem, ainda está fazendo perguntas. Assim, Senhor, por favor, dê-lhe muitos anos mais. Desse modo, quando nos reunirmos, teremos muito o que falar.

Ele deu um sorriso maroto.

– E então?

Obrigado, respondi.

– De nada.

Ele piscou por trás dos óculos.

O senhor acha mesmo que vamos nos encontrar um dia?

– Você não acha?

Ora, falei sem graça, duvido que eu vá para o mesmo nível que o senhor.

– Mitch, por que diz isso?

Porque o senhor é um Homem de Deus.

Ele me olhou agradecido.

– Você é um homem de Deus também – sussurrou. – Todo mundo é.

A CAMPAINHA TOCOU, quebrando o clima. Ouvi meus pais conversando com Sarah na outra sala. Peguei minhas coisas. Falei ao Rebbe sobre o Super Bowl, que seria dali a algumas semanas.

– Ahhh, o Super Bowl – ele arrulhou, o que foi engraçado,

porque duvido que ele algum dia tenha assistido a alguma partida, e logo minha mãe e meu pai entraram na sala e trocaram olás, enquanto eu fechava minha bolsa. Como não conseguia se levantar com facilidade, o Rebbe ficou sentado enquanto eles conversavam.

Como é engraçado quando a vida repete um padrão! Isso poderia ter acontecido 40 anos antes, numa manhã de domingo: meus pais me pegando na escola religiosa, meu pai dirigindo, todos nós saindo para comer. A única diferença era que agora, em vez de fugir do Rebbe, eu não queria ir embora.

– Vão almoçar? – ele perguntou.

Vamos, respondi.

– Bom. Família. É assim que deve ser.

Dei-lhe um abraço. Seus antebraços se comprimiram com força atrás do meu pescoço, com mais força do que nunca.

Ele encontrou uma canção.

– *Divirtam-se*... É mais taaaarde do que pensam...

Eu não fazia ideia de quanto ele estava certo.

Igreja

– VOCÊ TEM DE VIR aqui e ver uma coisa.

A voz de Henry ao telefone soara empolgada. Saí do carro e notei mais veículos do que o normal na rua, e várias pessoas entrando e saindo pela porta lateral – pessoas que eu não tinha visto antes. Algumas eram negras, algumas brancas. Todas se vestiam melhor do que o visitante comum.

Quando pisei na passarela, Henry me viu, deu um sorriso largo e abriu sua enorme envergadura.

– Vou lhe mostrar um pouco de amor – disse.

Senti seus braços enormes e nus me apertando. Então percebi. Ele estava usando uma camiseta.

O calor tinha voltado.

– Aqui dentro está que nem Miami Beach! – gritou.

APARENTEMENTE PRESSIONADA pelas notícias nos jornais, a companhia de gás tinha renovado o serviço. E estava sendo feito um acordo para que a igreja pagasse gradualmente a dívida. Os novos rostos que entravam e saíam eram de pessoas que também ficaram comovidas com a história da igreja de Henry; tinham vindo ajudar a preparar e a servir a comida. Notei uma multidão de moradores de rua às mesas, homens e mulheres, e muitos não usavam casacos. Sem a cacofonia dos aquecedores, era possível ouvir o murmúrio agradável das conversas.

– É incrível, não é? – disse Henry. – Deus é bom.

Desci até o ginásio. Lá estava o homem sem os dedos dos pés, que tinha sido abandonado pela mulher e a filha oito anos antes. Eu escrevera no jornal sobre quanto aquela experiência tinha colaborado para seu declínio. Aparentemente alguém tinha visto a foto e feito a conexão.

– Vou vê-las daqui a pouco – disse o homem.

Quem? Sua mulher?

– E minha menina.

Agora?

– É. Faz oito anos, cara.

Ele fungou. Dava para perceber que queria dizer alguma coisa.

– Obrigado – sussurrou finalmente.

E foi embora.

Acho que nenhum agradecimento me marcou mais do que aquele.

QUANDO ESTAVA SAINDO, vi Cass com suas muletas.

– Senhor Mitch – cantarolou ele.

As coisas estão um pouquinho mais quentes agora, hein?, eu disse.

– Sim, senhor. As pessoas lá embaixo também estão bem felizes.

Olhei de novo e vi uma fila de homens e mulheres. A princípio achei que fosse para a comida, talvez para se servirem pela segunda vez. Mas então vi uma mesa e alguns voluntários distribuindo roupas.

Um homem grande pegou um paletó de inverno, depois gritou para Henry:

– Ei, pastor, vocês não têm tamanho GGG?

Henry gargalhou.

O que está acontecendo?, perguntei.

– Roupas – respondeu Henry. – Foram doadas.

Contei várias pilhas grandes.

É uma boa quantidade de coisas, falei.

Henry olhou para Cass.

– Ele não viu?

Logo depois eu seguia o pastor peso pesado e o presbítero perneta, imaginando por que sempre tinha de andar nos calcanhares dos que tinham fé.

Cass pegou uma chave. Henry abriu uma porta.

– Dê uma olhada – disse.

E ali, dentro do santuário, havia sacolas e mais sacolas e mais sacolas – de roupas, casacos, sapatos, sobretudos e brinquedos – enchendo cada banco, desde a frente até os fundos.

Engoli em seco. Henry estava certo. Num momento não importa o nome que você usa. Deus é bom.

De um sermão do Rebbe em 2000

— CAROS AMIGOS. Estou morrendo.

Não fiquem perturbados. Comecei a morrer em 6 de julho de 1917. Foi o dia em que nasci e, segundo o nosso salmista, "Nós, que nascemos, nascemos para morrer".

Bom, eu ouvi uma história que trata disso. Um ministro visitava uma igreja no campo, e começou o sermão com um alerta estimulante:

"Todo mundo desta paróquia vai morrer!"

O ministro olhou em volta. Notou um homem no banco da frente dando um largo sorriso.

"Por que está achando tão divertido?", perguntou.

"Não sou desta paróquia", disse o homem. "Só vim passar o fim de semana com minha irmã."

Fevereiro

Adeus

O CARRO PAROU JUNTO ao ShopRite. Era a primeira semana de fevereiro, a neve cobria o chão, e o Rebbe olhou pela janela. Teela parou, desligou o motor e perguntou se ele iria junto.

– Estou meio cansado – ele respondeu. – Vou esperar aqui.

Olhando retrospectivamente, isso com certeza foi um sinal. O Rebbe adorava o supermercado – algo devia estar errado para ele se recusar a entrar.

– Pode deixar a música ligada? – pediu a Teela.

– Claro – ela respondeu. E enquanto Teela comprava leite, pão e suco de ameixa, o Rebbe ficou sentado sozinho, no estacionamento coberto de neve, escutando cânticos hindus. Seriam os últimos momentos que ele passaria sozinho no mundo exterior.

Quando chegaram em casa, ele parecia lento e sentia dores. Telefonemas foram dados. Levaram o Rebbe para o hospital. As enfermeiras fizeram perguntas simples – seu nome, o endereço – e ele respondeu a tudo. Não conseguiu se lembrar da data exata, mas sabia que era a primária da eleição presidencial, e até lançou esta sentença zombeteira, caso seu candidato perdesse por um voto: "Eu me mato."

FICOU PARA FAZER EXAMES. Sua família o visitou. Na noite seguinte, a filha mais nova, Gilah, estava com ele no quarto. Tinha comprado passagens para Israel e estava preocupada.

– Acho que não devo ir – disse ela.

– Vá. Não vou fazer nada sem você.

Seus olhos estavam se fechando. Gilah chamou a enfermeira. Perguntou se o pai poderia tomar a medicação mais cedo, para conseguir dormir.

– Gil... – murmurou o Rebbe.

Ela segurou sua mão.

– Lembre-se das lembranças.

– Certo – disse Gilah, chorando –, agora definitivamente não vou.

– Vá. Você pode se lembrar lá, também.

Ficaram ali por um tempo, pai e filha. Por fim, Gilah se levantou e, relutante, despediu-se com um beijo. A enfermeira deu comprimidos ao Rebbe. Quando ela ia saindo, ele sussurrou:

– Por favor... se você apagar as luzes, poderia passar de vez em quando e se lembrar que estou aqui?

A enfermeira sorriu.

– Claro. É impossível esquecer o nosso rabino cantor.

NA MANHÃ SEGUINTE, pouco depois do nascer do sol, o Rebbe foi acordado para um banho de esponja. Era cedo, e o mundo estava silencioso. A enfermeira banhou-o gentilmente, e ele ficou cantarolando para ela, animado com a luz do sol.

Então sua cabeça tombou e a música parou para sempre.

É verão e estamos sentados em seu escritório. Pergunto por que ele se tornou rabino.

O Rebbe conta nos dedos.

– Número um, sempre gostei de pessoas.

"Número dois, adoro a gentileza.

"Número três, tenho paciência.

"Número quatro, adoro ensinar.

"Número cinco, sou determinado em minha fé.

"Número seis, isso me liga ao meu passado.

"Número sete, e último, isso me permite cumprir a mensagem de nossa tradição: viver bem, fazer o bem e ser abençoado."

Você não falou de Deus.

Ele sorri.

– Deus estava antes do número um.

O discurso fúnebre

NÃO HAVIA UM LUGAR VAGO. O santuário estava lotado. Havia cumprimentos murmurados e abraços lacrimosos, mas as pessoas evitavam olhar para o púlpito. Em qualquer cerimônia fúnebre, as pessoas ficam olhando para a frente, mas raramente isso significa olhar para o espaço vazio deixado pelo falecido. Ele costumava sentar-se naquela cadeira... *Ele costumava ficar de pé junto àquela estante...*

O Rebbe vivera alguns dias depois de seu derrame generalizado, num coma pacífico, o suficiente para que sua esposa, os filhos e os netos viessem e sussurrassem as despedidas. Eu fizera o mesmo, tocando seu cabelo branco e farto, apertando meu rosto contra o dele, prometendo que ele não teria uma segunda morte, que não seria esquecido, pelo menos enquanto eu respirasse. Em oito anos, eu nunca tinha chorado na frente do Rebbe.

Quando finalmente chorei, ele não pôde ver.

Fui para casa e esperei o telefonema. Não comecei a redigir o discurso. Parecia errado fazer isso enquanto ele ainda estava vivo. Eu tinha fitas, anotações, fotos e cadernos; tinha textos, sermões e recortes de jornal; tinha o livro árabe com as fotos da família.

Quando o telefonema finalmente chegou, comecei a escrever. E em nenhum momento olhei para aquele material.

AGORA, DENTRO DO PALETÓ, sentia as páginas digitadas, seu último pedido feito a mim, dobradas no meu bolso. Quase oito anos tinham se passado desde aquele dia em que pensei que seria uma jornada de duas ou três semanas. Tentei me lembrar da noite em que tudo começou.

Você faria meu discurso fúnebre?

Senti como se fosse uma vida diferente.

Com uma graça serena, seu serviço fúnebre começou. A sua primeira cerimônia, em 60 anos da congregação, que Albert não podia presidir nem acompanhar. Depois de alguns minutos e de algumas orações, o rabino atual, Steven Lindemann – que o Rebbe acolhera afavelmente como seu substituto –, falou de uma linda forma amorosa. Usou a frase que não saiu do meu pensamento:

– Ai de nós, pelo que perdemos.

Então o santuário ficou silencioso. Era a minha vez.

Subi os degraus acarpetados e passei pelo caixão do homem que me criara em sua casa de orações e em sua fé – sua linda fé –, e minha respiração saía tão entrecortada que precisei diminuir o passo para controlá-la.

Parei no lugar onde ele costumava ficar.

Inclinei-me para a frente.

E eis o que eu disse:

Querido Rabino

Bom, o senhor conseguiu. Finalmente conseguiu nos juntar todos aqui, fora dos dias santos.

Acho que, bem no fundo, eu sabia que este dia iria chegar. Mas, de pé aqui, agora tudo parece invertido. Eu deveria estar ali embaixo. O senhor deveria estar aqui em cima. Este é o seu lugar. É aqui que sempre o procurávamos para nos guiar, nos esclarecer, cantar para nós, para nos dizer tudo, desde a lei judaica até o número da página em que estávamos.

Na estrutura do Universo havia nós aqui embaixo, Deus lá em cima e o senhor no meio. Quando Deus parecia intimidante demais para ser encarado, podíamos primeiro procurar o senhor. Era como ser amigo da secretária na antessala do escritório do chefe.

Mas onde vamos encontrá-lo agora?

Há oito anos o senhor veio falar comigo depois de um discurso que eu fiz, e disse que queria pedir um favor. O favor era o seguinte: eu poderia falar no seu enterro? Fiquei pasmo. Até hoje não sei por que eu.

Mas, assim que o senhor pediu, tive certeza de duas coisas: jamais poderia recusar, e precisava conhecê-lo melhor, não como clérigo, mas como ser humano. Assim, comecei a visitá-lo. Em seu escritório, em sua casa, uma hora aqui, duas horas ali.

Uma semana virou um mês. Um mês virou um ano. Oito anos depois, às vezes me pergunto se a coisa toda não foi um truque esperto de rabino para me atrair para um curso de formação de adultos. O senhor ria e chorava nos nossos encontros; nós debatíamos e postulávamos grandes e pequenas ideias. Eu aprendi que, além do manto, às vezes o senhor usava sandálias com meias pretas – não chegava a ser uma visão fantástica –, bermuda, camisa xadrez e colete. Descobri que o senhor era um acumulador de cartas, artigos, desenhos a carvão e velhos boletins Conversa do Templo. *Algumas pessoas colecionam carros ou roupas. O senhor nunca encontrou uma boa ideia que não pudesse ser arquivada.*

Uma vez afirmei que eu não era como o senhor, que não era um homem de Deus. O senhor me interrompeu afirmando: "Você é um homem de Deus." Disse que eu encontraria algo para falar quando este dia chegasse.

Mas ele chegou, e o senhor se foi.
E este púlpito parece tão vazio quanto um deserto.

Mas tudo bem, aqui estão seus dados básicos, já que qualquer bom elogio fúnebre deve contê-los. O senhor nasceu em Nova York durante a Primeira Guerra Mundial, sua família suportou uma pobreza terrível, e uma vez seu pai foi de trem até o Alasca – e jamais violou as leis de se manter kosher. Seu avô e seu sogro eram rabinos – o senhor tinha rabinos espalhados por toda a árvore genealógica e, no entanto, queria ser professor de história. O senhor adorava ensinar. Com o tempo, tentou entrar para o rabinato. E fracassou. Mas um grande erudito judeu disse três palavras que mais tarde o senhor invocaria várias vezes para muitos de nós: "Tente de novo."

E o senhor tentou. Graças a Deus.

Quando foi ordenado, o costume era ir para o Oeste, para a Califórnia. Havia sinagogas ricas e em crescimento por lá. Em vez disso, o senhor viajou duas horas até a Nova Jersey Turnpike, uma congregação que estava nas últimas, funcionando numa casa adaptada. Fez isso porque sentia a obrigação de ficar perto de sua família. E jamais se afastou deste lugar. Aqui, construiu este templo. Algumas pessoas diriam que o senhor o carregou nas costas.

Sob seus cuidados amorosos, aquela casa adaptada cresceu até tornar-se uma sinagoga próspera, situada entre duas igrejas – o que não era exatamente a geografia mais confortável. Mas o senhor sempre se empenhou em construir a paz. Quando um padre católico vizinho insultou um dos nossos membros, o senhor exigiu que ele pedisse desculpa e que, como penitência, fizesse um gesto. Esperou até que as crianças da escola católica estivessem no recreio, brincando no pátio, e caminhou com o padre de braços dados, mostrando que crenças diferentes podem caminhar lado a lado, em harmonia.

Desse modo, o senhor nos defendeu, colocou-nos no alto, construiu nossa sociedade, ergueu nossa escola, edificou uma comunidade sagrada, construiu até ficarmos plenos. Comandou marchas e excursões. Fez visitas a casas. Visitas intermináveis.

O senhor era um clérigo do povo, jamais acima do povo, e o povo clamava por ouvi-lo, apinhando-se para os seus sermões, como se perdê-los fosse um pecado. Sei que o senhor detestava quando havia uma corrida barulhenta para sair logo depois do final. Mas, Rebbe, pense no número de sinagogas em que isso ocorre antes que o sermão comece!

Depois de atuar por seis décadas como rabino, o senhor finalmente desceu do púlpito e, em vez de se mudar para a Flórida, como muitos fazem, simplesmente ocupou um banco na última fila deste santuário. Foi um ato de humildade, mas o senhor não poderia mais se mudar para a fila de trás, assim como uma alma não pode se mudar para trás do corpo.

Esta é sua casa, Rebbe. O senhor está nos caibros, nas tábuas do piso, nas paredes, nas luzes. Está em cada eco de cada corredor. Nós o ouvimos agora. Eu ainda o ouço.

Como posso deixá-lo partir, como qualquer um de nós pode deixá-lo partir? O senhor faz parte de nós, do nascimento até a morte. O senhor nos educou, nos casou, nos confortou. O senhor estava nos marcos da nossa vida, nos casamentos, nos funerais. O senhor nos dava coragem quando a tragédia nos golpeava e, quando gritávamos contra Deus, o senhor reavivava as brasas da nossa fé e nos lembrava, como disse um dia um homem respeitado, que o único coração inteiro é um coração partido.

Veja todos os corações partidos que se encontram hoje aqui. Veja todos os rostos deste santuário. Durante a vida inteira, tive apenas um rabino. Durante a vida inteira o senhor teve apenas uma con-

gregação. Como podemos lhe dizer adeus sem dizer adeus a um pedaço de nós mesmos?

Onde vamos procurá-lo agora?

Lembra-se, Rebbe, de quando o senhor me contou sobre sua infância no Bronx? Era uma comunidade tão ligada que, quando o senhor balançou uma carroça para fazer uma maçã cair, uma vizinha gritou da janela: "Albert, isso é proibido." O dedo de Deus apontava para o senhor de cada escada de incêndio.

Bom, o senhor era o nosso dedo, apontando da janela. Quanto bem o senhor fez simplesmente pelo mal que não fizemos? Muitos de nós, aqui, nos mudamos, arranjamos novos endereços, novos trabalhos, novos climas, mas em nossa mente mantivemos o mesmo velho rabino. Podíamos olhar pela janela e ainda ver o seu rosto, ainda podíamos ouvir sua voz no vento.

Mas onde vamos procurá-lo agora?

Nas minhas últimas visitas, o senhor falou frequentemente sobre a morte, sobre o que vem em seguida. O senhor inclinava a cabeça e cantava: "Bom, Senhor lá no alto, se quiser me levar, poderia me levar sem muita dooooor."

Por sinal, Rebbe, vamos falar sobre o cantar. Cada cantor tem seu estilo. O senhor cantava... tudo. Era capaz de cantar a lista telefônica. Quando eu ligava e perguntava por sua saúde, o senhor respondia: "O velho rabino grisalho não é mais como antes..."

Eu o provocava por causa disso, mas adorava, acho que todos adorávamos, e não é surpresa que na semana passada o senhor estivesse cantando para uma enfermeira enquanto se preparava para um banho quando o golpe final o tirou de nós. Gosto de pensar que Deus apreciava tanto ouvir um dos seus filhos em júbilo – júbilo suficiente para cantar num hospital – que escolheu esse momento, no meio do canto, para levá-lo.

De modo que agora o senhor está com Deus. Nisso eu acredito. O senhor me disse que sua maior vontade, depois que morresse, seria poder, de algum modo, falar conosco aqui, informar que desembarcou em segurança. Mesmo na partida, o senhor estava em busca de um novo sermão.

Mas o senhor sabe que existe um motivo enlouquecedor e ao mesmo tempo majestoso para não poder falar conosco hoje. Porque, se pudesse, talvez não precisássemos da fé. E a fé era tudo o que lhe importava. O senhor era o vendedor daquela parábola iídiche que tanto citava, o vendedor que voltava a cada dia, batia à porta e oferecia a mercadoria com um sorriso, até que um dia o cliente ficasse tão farto com sua persistência que cuspiria no seu rosto. E o senhor pegaria um lenço, enxugaria o cuspe, sorriria de novo e diria: "Deve estar chovendo."

Aqui, hoje, há lenços, Rebbe, mas não por causa da chuva. É porque alguns de nós não suportamos vê-lo partir. Alguns queremos pedir desculpas por todas as vezes em que dissemos, através de nossas ações, "Vá embora", por todas as vezes em que cuspimos na cara da nossa fé.

Eu não queria fazer seu discurso fúnebre. Tinha medo. Sentia que um membro de congregação jamais poderia fazer o elogio fúnebre de seu líder. Mas agora percebo que milhares de membros vão fazer elogios hoje, voltando de carro para casa, à mesa do jantar, na conversa com a família. Um discurso fúnebre não passa de um resumo de lembranças, e nunca iremos esquecê-lo, porque não podemos, porque sentiremos sua falta todos os dias. Imaginar um mundo sem o senhor é imaginar um mundo com um pouquinho menos de Deus, e, no entanto, como Deus não é um recurso que diminui, não consigo acreditar nisso.

Assim, tenho de acreditar que o senhor se fundiu de volta à gló-

ria de Deus, que sua alma é como um dom devolvido, que o senhor é uma estrela no céu divino, e um sentimento caloroso em nossos corações. Acreditamos que o senhor está com seus antepassados, com sua filha, com sua história, e em paz.

Que Deus o tenha; que Ele cante para o senhor e o senhor para Ele.

Para onde vamos olhar ao procurá-lo agora, Rebbe?

Olhamos em direção ao lugar para onde o senhor esteve tentando – bom e doce Homem de Deus – fazer com que olhássemos o tempo todo.

Olhamos para cima.

... As coisas que deixamos para trás

O VAZIO NÃO É TANGÍVEL, mas depois da morte do Rebbe, juro que eu podia tocá-lo, especialmente aos domingos, quando costumava fazer aquela viagem de trem saindo de Nova York. Com o passar do tempo, preenchi essa lacuna mais perto de casa, com visitas ao pastor Henry e à igreja na Trumbull. Passei a conhecer os membros de sua congregação. Desfrutei seus sermões. E embora me sentisse absolutamente confortável com minha própria crença, Henry me chamava, rindo, de "o primeiro judeu membro oficial da congregação". Eu ia nas noites dos moradores de rua, e escrevi outras matérias sobre eles. As pessoas ficavam comovidas, e algumas mandavam dinheiro – 5, 10 dólares. Um homem viajou durante uma hora por uma autoestrada, entrou, olhou em volta, pareceu sufocado de emoção, entregou um cheque de 1.000 dólares e foi embora.

Henry abriu uma conta bancária para os consertos. Voluntários vieram servir comida. Num domingo, uma grande igreja suburbana, a Assembleia Cristã de Northville, convidou Henry para falar. Fui assistir. Ele usou um manto preto e comprido e um microfone sem fio. O trecho da Escritura que escolheu foi projetado em duas gigantescas telas de vídeo enquanto ele lia. A iluminação era perfeita, o teto, sólido e seco, o som tinha a qualidade de um concerto – havia até um gigantesco piano de cauda no palco – e a plateia era quase totalmente de brancos de classe média. Mas Henry era Henry, e em pouco tempo estava se movimentando, exortando a multidão a investir seus talentos em vez de escondê-los, como Jesus dissera numa parábola. Disse para não terem medo de ir à sua igreja em Detroit e para usarem seus talentos lá. "Se vocês procuram os milagres que Deus pode fazer com uma vida", afirmou, "estão olhando para um deles."

Quando terminou, todos se levantaram e aplaudiram. Henry recuou e, humildemente, baixou a cabeça.

Pensei em sua igreja caindo aos pedaços no centro da cidade. E percebi que, de certa forma, todos nós temos um buraco no teto, uma abertura por onde lágrimas caem e acontecimentos ruins sopram como vento forte. Nós nos sentimos vulneráveis, e nos preocupamos com a tempestade que virá em seguida.

Mas, naquele dia, vendo Henry ser aplaudido por todos aqueles rostos novos, acredito que, como me disse o Rebbe, com um pouquinho de fé as pessoas podem consertar as coisas e realmente mudar. Naquele momento, não seria possível acreditar no contrário.

E ASSIM, EMBORA ESTEJA fazendo muito frio enquanto escrevo, quando a neve acumulada na lona azul sobre o telhado da igreja derreter – e ela sempre derrete –, vamos consertar aquele buraco. Um dia vamos fazer isso, digo a Henry. Vamos consertar aquele buraco. Vamos sacudir a árvore da generosidade e levantar fundos para trocar o telhado. Faremos isso porque precisa ser feito, porque é a coisa certa a ser feita.

E faremos por causa de uma menininha da congregação que nasceu prematura, pesando pouco mais de um quilo – os médicos disseram que ela provavelmente não sobreviveria –, mas seus pais rezaram, ela venceu a dificuldade e agora é uma bola de energia com um sorriso luminoso. Ela vai à igreja quase todas as noites. Passa entre as mesas dos moradores de rua e deixa que eles acariciem sua cabeça de modo brincalhão. Ela não tem montes de brinquedos, e nem programação para incontáveis atividades depois da escola, mas certamente tem uma comunidade, um lar amoroso – e uma família.

Seu pai é um perneta chamado Cass e sua mãe, uma ex-viciada chamada Marlene. O pastor Henry Covington celebrou seu casamento no Ministério Sou o Guardião do Meu Irmão.

E um ano depois, vejo a menininha preciosa que agora corre por ali como se aquele fosse o playground particular de Deus.

Seu nome, adequadamente, é Miracle – milagre.

O espírito humano é algo digno de contemplar.

FREQUENTEMENTE ME pergunto por que o Rebbe pediu-me que fizesse seu discurso fúnebre. Acho que foi mais por mim do que por ele. Fiquei sabendo disso instantes depois de terminar de falar.

Logo antes de o cantor começar a oração final, Ron, o neto do Rebbe, colocou uma fita cassete num gravador sobre o púlpito. E a voz de Albert Lewis voltou a ecoar pelos mesmos alto-falantes onde costumava ressoar com sabedoria:

"Caros amigos, esta é a voz do seu antigo rabino..."

Ele gravara uma mensagem para ser ouvida depois de sua morte. Não tinha contado a ninguém, a não ser a Teela, sua enfermeira, que entregou a fita à família. Era breve. Mas nela o Rebbe respondia às duas perguntas que mais lhe fizeram durante sua vida de fé.

Uma era se ele acreditava em Deus. Disse que sim.

Outra, se existe vida após a morte. Sobre isso ele falou:

"Minha resposta aqui, também, é que existe algo, sim. Mas, amigos, sinto muito. Agora que sei, não posso lhes contar."

O templo inteiro explodiu em gargalhadas.

NAO ME ESQUECI da pasta sobre Deus. Fui pegá-la meses depois, sozinho. Tirei-a da prateleira. Quando a segurei, cheguei a tremer, porque durante oito anos tinha visto a palavra "Deus" escrita na etiqueta, e depois de um tempo a gente começa a imaginar que algum vento sagrado vai soprar.

Olhei a sala vazia ao redor. Meu estômago doía. Abri a pasta, desejando que o Rebbe estivesse comigo.

E ele estava.

Porque ali dentro havia centenas de artigos, recortes e anotações para sermões, tudo sobre Deus, com setas, perguntas e rabiscos com a letra do Rebbe. Percebi, finalmente, que esse era o objetivo do tempo que passei com o Rebbe e com Henry: não a conclusão, mas a busca, o estudo, a jornada para a crença. Não se pode colocar o Senhor numa caixa. Mas é possível juntar histórias, tradição, conhecimento. Com o tempo, você não precisa baixar a prateleira. Deus já está mais perto.

Você já conheceu um homem de fé? E fugiu para longe dele? Nesse caso, pare de fugir. Sente-se por um minuto. Para tomar um copo de água gelada. Comer um pão de milho. Você pode descobrir que há algo lindo a aprender, e isso não vai mordê-lo, nem enfraquecê-lo. Só prova que há uma fagulha divina dentro de cada um de nós e que essa fagulha um dia é capaz de salvar o mundo.

O REBBE CONCLUIU sua mensagem gravada dizendo: "Por favor, amem-se uns aos outros, falem uns com os outros, não deixem as trivialidades dissolverem as amizades..."

Então, ele cantou uma música simples, que se traduzia assim:

"Adeus, amigos, adeus, amigos,
adeus, adeus,
vejo vocês de novo, vejo vocês de novo, adeus."

A congregação, pela última vez, cantou junto.
Talvez aquela fosse a oração mais alta de toda a sua carreira.
Mas eu sempre soube que ele partiria com uma música.

Epílogo

UMA ÚLTIMA lembrança.

Isso foi pouco antes de o Rebbe falecer.

Ele estava falando sobre o céu e, de repente, por algum motivo, tive uma ideia.

E se o senhor tiver apenas cinco minutos com Deus?

– Cinco minutos? – ele perguntou.

Cinco minutos, eu disse. Deus é ocupado. Aí está sua fatia de céu. Cinco minutos a sós com o Senhor e... puf, você vai para o que quer que exista em seguida.

– E nesses cinco minutos? – ele ficou intrigado.

Nesses cinco minutos, o senhor pode perguntar o que quiser.

– Ah. Certo.

Ele se recostou na cadeira, como se perscrutasse o ar em volta.

– Primeiro eu diria: "Faça-me um favor, Deus do Céu. Se puder, mostre o caminho na Terra aos meus familiares. Guie-os um pouquinho."

Certo, isso é um minuto.

– Para os três minutos seguintes, eu diria: "Senhor, dê esses minutos a alguém que esteja sofrendo e precise do seu amor e do seu conselho."

O senhor daria os três minutos?

– Se alguém realmente precisasse, sim.

Certo, eu disse. Isso ainda lhe deixa um minuto.

– Tudo bem. Nesse último minuto, eu diria: "Olhe, Senhor,

eu fiz uma certa quantidade de coisas boas na Terra. Tentei seguir seus ensinamentos e passá-los adiante. Amei minha família. Fiz parte de uma comunidade. E acho que fui bastante bom para as pessoas.

"Assim, Pai Celestial, por tudo isso, qual é a minha recompensa?"

E o que o senhor acha que Deus dirá?

Ele sorriu.

– Ele dirá: "Recompensa? Que recompensa? Você fez tudo o que *deveria* ter feito!"

Eu ri, ele riu batendo com as mãos nas coxas, e o barulho que fizemos encheu a casa. Acho que naquele momento poderíamos estar em qualquer lugar, ser qualquer pessoa, em qualquer cultura, qualquer crença – um professor e um aluno explorando o sentido da vida e se deliciando com a descoberta.

No princípio, houve uma pergunta. No fim, a pergunta foi respondida. Deus canta, nós cantarolamos junto, e há muitas melodias. Mas todas são uma música só – uma mesma canção maravilhosa, humana.

Estou apaixonado pela esperança.

Rebbe Lewis

Henry Covington

Agradecimentos

GOSTARIA DE AGRADECER à família de Henry Covington e à de Albert Lewis: as esposas, Sarah Lewis e Annette Covington; os filhos do Rebbe: Shalom, Orah e Gilah; e os filhos do pastor Henry: Lakema, Kendrick, Keyshia e Tiffany. Nunca é fácil ler sobre nosso marido ou nosso pai num livro, e sou muito grato pela generosidade deles com relação a estas páginas. Agradecimentos adicionais aos genros e nora – Cindy Lewis, Shimon Lipsky, Brian Seitz – e aos muitos netos do Rebbe.

Entre outros que ajudaram a tornar este livro possível estão Anthony Castelow, ou "Cass", o dr. Chad Audi, da Detroit Rescue Mission Ministries, o rabino Steven Lindemann, Teela Singh, Eddie Adelman, Norm Trask, o pessoal do Templo Beth Sholom, membros do Ministério Sou Guardião do Meu Irmão (os nomes de alguns foram mudados), Matty e Lisa Goldberg por seu trabalho de pesquisa, e Ron Lipsky, que adorava o avô e provou isso fazendo ternas imagens em vídeo.

Na Hyperion, meus profundos agradecimentos à minha editora, que sempre me apoia, Leslie Wells, Ellen Archer, Willl Balliett, Phil Rose, David Lott, Vincent Stanley, Kristin Kiser, Mindy Stockfield, Jessica Wiener, Marie Coolman, Maha Khalil, Sarah Rucker, SallyAnne McCartin e Michael Rotondo.

E, como sempre, à equipe maravilhosa da Black Inc – David, Susan, Antonella, Annik, Joy, Leigh Ann e Dave. Obrigado também aos que fizeram uma primeira leitura destas páginas, à minha família e à minha família ampliada, a Rosey – e a Janine, em quem meus agradecimentos sempre começam e terminam.

Finalmente, uma saudação ao meu primeiro lar, South Jersey, que eu jamais valorizei integralmente, e ao meu lar atual, Detroit, que talvez eu valorize mais do que muitos. É um lugar especial, assim como o seu povo, e tenho orgulho de viver aqui.

MITCH ALBOM
Detroit, Michigan
Junho de 2009

INFORMAÇÕES SOBRE OS PRÓXIMOS LANÇAMENTOS

Para receber informações sobre os lançamentos da EDITORA SEXTANTE, basta enviar um e-mail para atendimento@esextante.com.br ou cadastrar-se diretamente no site www.sextante.com.br

Para saber mais sobre nossos títulos e autores, e enviar seus comentários sobre este livro, visite o nosso site: www.sextante.com.br

EDITORA SEXTANTE
Rua Voluntários da Pátria, 45 / 1.404 – Botafogo
Rio de Janeiro – RJ – 22270-000 – Brasil
Telefone: (21) 2538-4100 – Fax: (21) 2286-9244
E-mail: atendimento@esextante.com.br